FiBL 瑞士有机农业研究所（FiBL）

IFOAM ORGANICS INTERNATIONAL IFOAM国际有机联盟
（IFOAM - Organics International）

编著

 正谷（北京）农业发展有限公司 译

2018年
The World of Organic Agriculture：Statistics and Emerging Trends 2018
世界有机农业概况与趋势预测

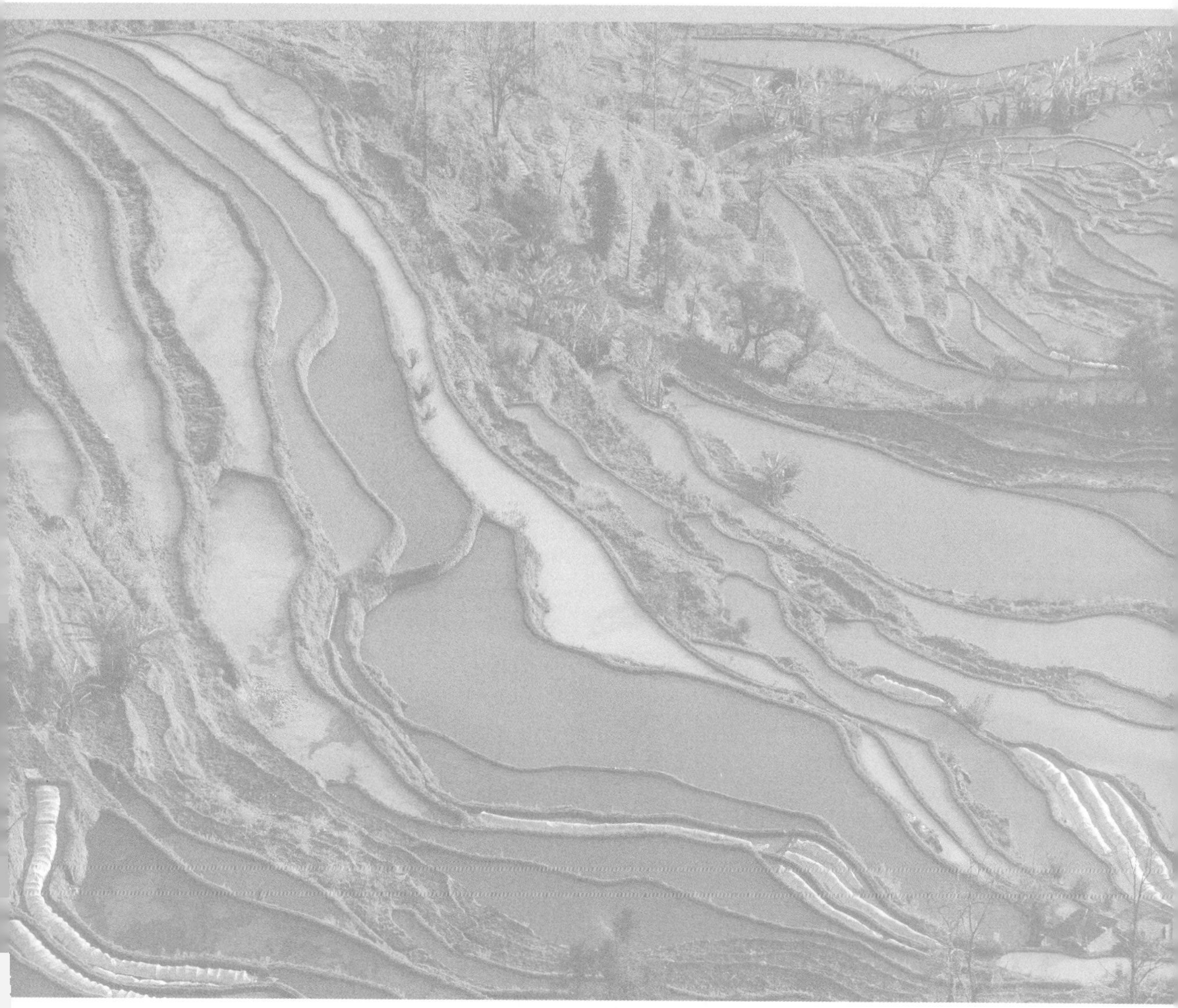

中国农业科学技术出版社

图书在版编目（CIP）数据

2018年世界有机农业概况与趋势预测/瑞士有机农业研究所（FiBL），IFOAM国际有机联盟（IFOAM - Organics International）编著；正谷（北京）农业发展有限公司译.—北京：中国农业科学技术出版社，2018.8

ISBN 978-7-5116-3742-0

Ⅰ.①2… Ⅱ.①瑞…②Ⅰ… Ⅲ.①有机农业—农业发展—概况—世界—2018②有机农业—经济发展趋势—世界 Ⅳ.①F313

中国版本图书馆CIP数据核字（2018）第126716号

责任编辑 史咏竹
责任校对 贾海霞

出 版 者	中国农业科学技术出版社
	北京市中关村南大街12号　邮编：100081
电　　话	（010）82105169（编辑室）　（010）82109702（发行部）
	（010）82109709（读者服务部）
传　　真	（010）82106626
网　　址	http://www.castp.cn
经 销 者	全国各地新华书店
印 刷 者	北京科信印刷有限公司
开　　本	787mm×1 092mm　1/16
印　　张	9.75
字　　数	190千字
版　　次	2018年8月第1版　2018年8月第1次印刷
定　　价	36.00元

版权所有·翻印必究

All of the statements and results contained in this book have been compiled by the authors and are to the best of their knowledge correct and have been checked by the Research Institute of Organic Agriculture (FiBL) and IFOAM - Organics International. However, the possibility of mistakes cannot be ruled out entirely. Therefore, the editors, authors, and publishers are not subject to any obligation and make no guarantees whatsoever regarding any of the statements or results in this work; neither do they accept responsibility or liability for any possible mistakes, nor for any consequences of actions taken by readers based on statements or advice contained therein.

Authors are responsible for the content of their own articles. Their opinions do not necessarily express the views FiBL or IFOAM - Organics International.

This document has been produced with the support of the International Trade Centre (ITC), the Swiss State Secretariat for Economic Affairs (SECO), and NürnbergMesse. The views expressed herein can in no way be taken to reflect the official opinions of ITC, SECO, or NürnbergMesse.

Should corrections and updates become necessary, they will be published at www.organic-world.net.

This book is available for download at http://www.organic-world.net/yearbook/yearbook-2018.html.

Any enquiries regarding this book and its contents should be sent to Julia Lernoud and Helga Willer, FiBL, Ackerstrasse 113, 5070 Frick, Switzerland, e-mail julia.lernoud@fibl.org and helga.willer@fibl.org.

Please quote articles from this book individually with name(s) of author(s) and title of article. The same applies to the tables: Please quote source, title of table and then the overall report. The whole report should be cited as:

Willer, Helga and Julia Lernoud (Eds.) (2018): The World of Organic Agriculture. Statistics and Emerging Trends 2018. Research Institute of Organic Agriculture (FiBL), Frick, and IFOAM - Organics International, Bonn.

Die Deutsche Bibliothek - CIP Cataloguing-in-Publication-Data A catalogue record for this publication is available from Die Deutsche Bibliothek

© February 2018. Research Institute of Organic Agriculture (FiBL) and IFOAM - Organics International

Research Institute of Organic Agriculture (FiBL), Ackerstrasse113, 5070 Frick, Switzerland, Tel.+41 62 865 72 72, Fax +41 62 865 72 73, e-mail info.suisse@fibl.org, Internet www.fibl.org

IFOAM - Organics International, Charles-de-Gaulle-Str. 5, 53113 Bonn, Germany, Tel. +49 228 926 50-10, Fax +49 228 926 50-99, e-mail headoffice@ifoam.bio, Internet www.ifoam.bio, Trial Court Bonn, Association Register no. 8726

Language editing: Laura Kemper and Simon Moakes, FiBL, Frick, Switzerland
Cover: Kurt Riedi, FiBL, Frick, Switzerland
Layout: Julia Lernoud and Helga Willer, FiBL, Frick, Switzerland

Maps: Simone Bissig and Julia Lernoud, FiBL, Frick, Switzerland
Graphs (if not otherwise stated): Julia Lernoud and Helga Willer, FiBL, Frick, Switzerland
Infographic: Kurt Riedi, FiBL, Frick, Switzerland

Cover picture: Certified organic cattle property in Australia. © Arcadian Organic & Natural Meat Co.

Printed by Medienhaus Plump, Rolandsecker Weg 33, 53619 Rheinbreitbach, Germany
Price: 30 Euros, IFOAM - Organics International affiliates: 20 Euros

Printed copies of this volume may be ordered directly from IFOAM - Organics International and FiBL (see addresses above) or via the IFOAM - Organics International website at www.ifoam.bio or the FiBL shop at shop.fibl.org

Printed version ISBN 978-3-03736-067-5
PDF version ISBN 978-3-03736-068-2

Chinese translation copywright © 2018 Beijing Organic and Beyond Corporation.
Publishing company Chinese translation rights arranged with China Agricultural Science and Technology Press, Beijing, China.

《2018年世界有机农业概况与趋势预测》根据The World of Organic Agriculture: Statistics & Emerging Trends 2018摘译，由瑞士有机农业研究所（FiBL）和IFOAM国际有机联盟（IFOAM - Organics Internationals）授权，正谷（北京）农业发展有限公司翻译，中国农业科学技术出版社出版。未经出版者预先书面许可，不得以任何方式复制或抄袭本书的任何内容。

本翻译项目由正谷有机农业基金支持。

《2018年世界有机农业概况与趋势预测》

翻译委员会

主　任：张向东

副主任：张友廷　邢建平　张婷婷　徐　新
　　　　张建伟　乔玉辉

主　译：张友廷　乔玉辉　赵惠娟　倪子墨

译　者：赵惠娟　倪子墨　强海平　张洁云
　　　　张耀匀　冯　婧　王　金　阴雪彤
　　　　许旦尼　朱卫平　高鹏伟

顾　问：周泽江　王启燕

Forword from FiBL

We would like to thank Organic and Beyond for their efforts to translate the yearbook "The World of Organic Agriculture" for the 7th time. This way the study is reaching a wide audience and contribute to the promotion of organic agriculture worldwide.

China is an organic market with continued growth of area and retail sales. Currently, China has the fourth largest market for organic food and beverages worldwide, and it has the third largest organic area.

We would like to thank our partners in China, without whom we would not be able to report the latest trends in the country:Maohua Wang of Certification and Accreditation Administration of the People's Republic of China （CNCA）,Yuhui Qiao from the China Agricultural University, and Zejiang Zhou, President of IFOAM Asia. Furthermore, we would like to thank our funders, the Swiss State Secretariat for Economic Affairs (SECO), the International Trade Centre (ITC), NürnbergMesse, and IFOAM - Organics International, who have been supporting the global data collection over the last years.

Data collection is a major and constant concern of the Research Institute of Organic Agriculture (FiBL). The comprehensive data provided in this publication serve as a valuable tool for stakeholders, policy makers, authorities, and the industry, as well as for researchers and extension professionals. The data and information compiled in this volume document the latest statistics, recent developments, and trends in global organic farming.

We maintain our FiBL statistics website (statistics.fibl.org), where key data are available as interactive tables and our Organic-World.net website, where all editions of "The World of Organic Agriculture" can be downloaded, where further information, such as maps, presentations, etc., can be found. Furthermore, the news section of the website offers information about major developments in the field of organic agriculture, and via our Twitter account at www.twitter.com/FiBLStatistics, we keep our readers informed about the latest data on organic farming.

Helga Willer and Julia Lernoud
FiBL, Frick, Switzerland

译文

诚挚感谢正谷（北京）农业发展有限公司在翻译世界有机产业的统计年鉴《世界有机农业概况与趋势预测》中所做的诸多努力！2018年是该公司第七年翻译此年鉴，他们的工作使更多人能够了解有机农业，并且为推动世界有机农业的发展做出了重要贡献。

中国的有机市场生机勃勃，有机农地面积和有机食品（含饮品）零售额持续增长。如今，中国的有机农地面积世界排名为第三位，并已经成为世界第四大有机市场。

非常感谢中国的合作伙伴：中国国家认证认可监督管理委员会认证认可技术研究所的王茂华副所长，中国农业大学的乔玉辉教授，IFOAM亚洲委员会主席周泽江先生。有了他们的帮助，我们才能够在本书中呈现中国最新的数据给大家。同时，也非常感谢我们的资助方，瑞士国家经济事务秘书处（SECO）、国际贸易中心（ITC）、德国纽伦堡展会公司（NürnbergMesse）和IFOAM国际有机联盟（IFOAM - Organics International），感谢他们多年来在全球数据搜集方面的支持。

数据搜集是瑞士有机农业研究所（FiBL）非常重要的一项工作。本书可以看成一本工具书，所提供的数据为利益相关者、政策制定者、当局和有机行业，以及研究人员和相关专业人员的工作提供了便利。在本书中汇编了最新的统计数据和信息，最近进展，以及全球有机农业的趋势。

statistics.fibl.org网站有最新的数据和图表可以参考，您还可以通过Organic-World.net website网站下载历年的《世界有机农业概况与趋势预测》英文版本，在这个网站还可以搜集到更多信息，如图表、报告等。该网站的新闻部分提供了关于有机农业领域的重要进展信息，并通过我们的Twitter账户www.twitter.com/FiBLStatistics让读者了解关于有机农业的最新数据。

Helga Willer，Julia Lernoud
瑞士有机农业研究所

序

《2018年世界有机农业概况与趋势预测》如期于2018年2月中旬在德国纽伦堡发布了，正谷（北京）农业发展有限公司获得了本书编著者——瑞士有机农业研究所（FiBL）和国际有机农业运动联盟（IFOAM - Organics International）的授权，在中国翻译和发行该书的中文版，这是自2012年以来正谷（北京）农业发展有限公司以其满满的社会责任感，连续7年义务承担起这个任务，2018年该公司更是争取到了将本书的中文摘译版列入正式出版计划，我们应该为正谷（北京）农业发展有限公司的这种锲而不舍的公益精神点赞。

我从事有机事业已经30年了，见证了我国有机产业从无到有、从弱到强、从无序到有序的发展过程，我深深地为我国有机产业能够取得如此显著成果和产生如此明显的国际影响而感到欣慰。

我们在总结有机2.0时代的经验时发现我国有机产业存在着技术和市场两个主要瓶颈，而要想解决这两个瓶颈问题，需要全力搭建国内的有机技术和市场平台，因为我国是世界上唯一以国内有机产品市场为主的发展中国家。同时，在这个全球经济向一体化发展的阶段，我们也必须大力搭建有机技术和市场的国际交流平台，引进国际上先进的有机生产及管理技术，开拓有机产品的进出口国际贸易市场。作为世界第二大经济实体中的有机产业，作为有机农地面积和有机销售额分别位列世界第三和第四的我国有机产业，必须尽快发展国际交流，增强国际话语权。

为此，除了需要由国家主管部门制定和实施相应的推进有机产业发展的政策外，还需要有一批像正谷（北京）农业发展有限公司这样的热衷于业内公益事业的同行，来共同增强我国有机界在国际上的话语权。

国际有机界各领域还有很多的经验和文件等着我们引进来，我们要引进国际有机界的创新理念和做法，以及最适合的技术实践，我们要将宝贵经验传播出去，这些都离不开有责任感的朋友们倾力相助。我们希望正谷（北京）农业发展有限公司坚持了7年的这种精神能够迅速扩散。让我们一起努力，众志成城把我国的有机事业建设得更扎实、更强健、更诚信、更有活力，成为发展中国家有机产业的示范和领军者。

亚洲有机联盟（IFOAM-ASIA）主席　周泽江
2018年5月8日

前言

自2000年始,国际权威有机农业研究机构瑞士有机农业研究所(FiBL)和IFOAM国际有机联盟(IFOAM - Organics International)开展对全球范围有机产业发展的调研和数据统计与分析,截至2018年,已连续19年发布统计年鉴《世界有机农业概况与趋势预测》。随着相关工作越来越规范,信息的来源也越来越多,数据的全面性和准确性不断增强,许多政府机构、科研院所、认证机构、社会组织、有机企业和相关媒体纷纷转载和引用,可以说该统计年鉴已得到了全球有机界的充分肯定和认可。

作为目前全球最为权威的有机产业统计年鉴,非常有必要尽快翻译成中文并对外发布。正谷有机农业团队自2012年起已连续6年在IFOAM国际有机联盟和瑞士有机农业研究所(FiBL)的支持下摘译并发布中文版,并将中文摘译版刊登在FiBL官网。此项工作为我国的有机从业者带来了大量权威的全球产业信息,使关注有机行业的中方人士能够及时了解和跟上全球有机产业发展的步伐。

本书是在正谷有机农业技术中心同事们的主导下,由志愿者共同完成的。志愿者中有正谷的同事,也有对有机热爱的国内外伙伴:张友廷、邢建平、张婷婷、徐新、张建伟、潘成杰、赵惠娟、倪子墨、强海平、张洁云、张耀匀、冯婧、王金、阴雪彤、许旦尼、朱卫平、高鹏伟、董皓月……在此一并感谢!

感谢瑞士有机农业研究所(FiBL)的Helga Willer女士,以及Ecovia Intelligence的Amarjit Sahota先生,在IFOAM国际有机联盟、瑞士有机农业研究所(FiBL)和Ecovia Intellgence的支持下,正谷拿到《2018年世界有机农业概况与趋势预测》在华中文出版授权,就是希望能够为进一步推动有机产业的发展提供支撑和帮助。

感谢中国国家认证认可监督管理委员会注册管理部顾绍平主任与陈成恩对本书翻译工作的关注和大力支持。我们还要特别感谢IFOAM国际有机联盟亚洲主席周泽江先生!感谢周老师长期以来的耐心指导和默默支持!

读者如需了解英文版信息,可登录瑞士有机农业研究所(FiBL)网站(http://www.organic-world.net/yearbook/yearbook-2018/pdf.html)索取英文相关资料。

正谷(北京)农业发展有限公司董事长　张向东

2018年5月2日

有机农业的发展原则

健康原则（Principle of HEALTH）

有机农业应当将土壤、植物、动物、人类和整个地球的健康作为一个不可分割的整体而加以维持和加强。

这一原则指出，个体与群体的健康是与生态系统的健康不可分割的，健康的土壤可以生产出健康的作物，而健康的作物是健康的动物和健康的人类的保障。

生态原则（Principle of ECOLOGY）

有机农业应以有生命的生态系统和生态循环为基础，与之合作、与之协调，并帮助其持续生存。

这一原则将有机农业植根于有生命的生态系统中，她强调有机农业生产应以生态过程和循环利用为基础，通过具有特定的生产环境的生态来实现营养和福利方面的需求。对作物而言，这一生态就是有生命的土壤；对于动物而言，这一生态就是农场生态系统，对于淡水和海洋生物而言，这一生态则是水生环境。

公平原则（Principle of FAIRNESS）

有机农业应建立起能确保公平享受公共环境和生存机遇的各种关系。

公平是以对我们共有的世界平等、尊重、公正和管理为特征的，这一公平既体现在人类之间，也体现在人类与其他生命体之间。

关爱原则（Principle of CARE）

应以一种有预见性的和负责任的态度来管理有机农业，以保护当前人类和子孙后代的健康和福利，同时保护环境。

这一原则强调，在有机农业的管理、发展和技术筛选方面最关键的问题是实施预防和有责任心。

目录

1. 世界有机农业概况 ··· 1
   1.1 世界有机农业调查数据 ··· 1
   1.2 各地区有机农业概况 ·· 5
   1.3 标准、法规和政策支持 ··· 9
   1.4 IFOAM国际有机联盟的新战略计划 ·· 10
   1.5 瑞士有机农业研究所（FiBL）的下一次世界有机农业调查 ················ 10
2. 全球有机农业现状 ··· 11
   2.1 全球有机农业面积、从业者和市场现状 ·· 11
   2.2 有机农业用地的利用类型和主要商品形式 ····································· 24
3. 全球有机食品（含饮品）市场 ··· 47
   3.1 北美洲有机食品市场 ··· 47
   3.2 欧洲有机食品市场 ·· 48
   3.3 其他地区有机食品市场 ·· 49
   3.4 有机产品的消费者 ·· 49
   3.5 挑战与发展前景 ··· 50
4. 标准、法规和政策 ··· 53
   4.1 标准与法规 ··· 53
   4.2 2017年参与式保障体系（PGS）的趋势与最新进展 ························· 62
   4.3 有机加工食品主要市场不同有机法规和标准的对比 ························· 66
   4.4 关于有机农业支持政策的全球首次汇编——"有机农业公共支持
       全球政策工具包" ·· 69
5. 非洲有机农业现状 ··· 73
   5.1 土地利用 ·· 73
   5.2 生产者 ··· 74
   5.3 野生采集 ·· 74
6. 亚洲有机农业现状 ··· 79
   6.1 2017年亚洲有机农业的发展 ·· 79

  6.2 与地方政府合作——ALGOA项目 ········ 87
  6.3 亚洲有机农业数据 ········ 89

7. 欧洲有机农业现状 ········ 95
  7.1 欧洲有机农业的前景与发展 ········ 95
  7.2 欧洲和欧盟有机农业和市场发展 ········ 102

8. 拉丁美洲和加勒比海地区有机农业现状 ········ 123
  8.1 概述 ········ 123
  8.2 土地利用 ········ 124
  8.3 生产者 ········ 124
  8.4 野生采集 ········ 125
  8.5 统计数据 ········ 125

9. 北美洲有机农业现状 ········ 129
  9.1 概述 ········ 129
  9.2 土地利用 ········ 129
  9.3 生产者 ········ 130
  9.4 野生采集 ········ 130
  9.5 市场 ········ 131
  9.6 统计数据 ········ 131

10. 大洋洲有机农业现状 ········ 133
  10.1 概述 ········ 133
  10.2 土地利用 ········ 134
  10.3 生产者 ········ 134
  10.4 市场 ········ 134
  10.5 统计数据 ········ 134

11. 有机运动和IFOAM国际有机联盟的新阐述 ········ 137
  11.1 IFOAM国际有机联盟——有机运动的伞式组织 ········ 137
  11.2 新阐述 ········ 138
  11.3 制度背景 ········ 140

1 世界有机农业概况[①]

1.1 世界有机农业调查数据

根据瑞士有机农业研究所（FiBL）对世界范围内有机产业发展的调查（截至2016年年底），共获取了178个国家/地区（2015年为179个国家/地区）的有机农业数据（表1-1）。

1.1.1 世界有机农地面积约5 800万公顷，其中以澳大利亚有机农地面积最大

2016年，以有机方式管理的农地面积为5 780万公顷（包括处于转换期的土地）。有机农地面积最大的两个洲分别是大洋洲（2 730万公顷，约占世界有机农地面积的一半）和欧洲（1 350万公顷，23%），接下来是拉丁美洲（710万公顷，12%）、亚洲

[①] 本章作者为Helga Willer，Julia Lernoud，Laura Kemper

表1-1　2018年发布的世界有机农业关键指标和主要国家/地区

指　标	世　界	主要国家/地区
提供有机认证数据的国家和地区	2016[1]：178个国家/地区	
有机农地	2016年：5 780万公顷 1999年：1 100万公顷	澳大利亚：2 710万公顷 阿根廷：300万公顷 中国：230万公顷
占所有农地份额	2016年：1.2% 2014年：0.99%	列支敦士登：37.7% 法属波利尼西亚：31.3% 萨摩亚：22.4%
非农业用地有机面积（主要是野生采集）	2016年：3 990万公顷 2014年：3 760万公顷 1999年：410万公顷	芬兰：1 160万公顷 赞比亚：670万公顷 印度：420万公顷
有机生产者	2016年：270万人 2014年：230万人 1999年：20万人	印度：835 000人 乌干达：210 352人 墨西哥：210 000人
市场份额		丹麦：9.7% 卢森堡：8.6% 瑞士：8.4%
有机市场规模	2016年：897亿美元（约800亿欧元） 2000年：179亿美元	美国：431亿美元；389亿欧元 德国：105亿美元；95亿欧元 法国：75亿美元；67亿欧元 中国：66亿美元；59亿欧元
年人均消费	2016年：12.1美元（11.3欧元） 2015年：11.1美元	瑞士：304美元；274欧元 丹麦：252美元；227欧元 瑞典：218美元；197欧元
已制定有机法规的国家	2017年：87个国家 2016年：87个国家	
IFOAM - Organics International 会员机构数量	2017年：来自127个国家的1 003个会员 2016年：来自121个国家的833个会员 2015年：来自117个国家的784个会员 2014年：来自120个国家的815个会员	印度：111个会员机构 德国：88个会员机构 美国：63个会员机构 中国：63个会员机构（包括香港特别行政区6个，台湾省7个）

数据来源：2018年 FiBL调查

全球市场数据：来自2018 Ecovia Intelligence（曾用名Organics Monitor）

注1：2016年，IFOAM国际有机联盟（IFOAM - Organics International）联合瑞士有机农业研究所（FiBL）开展对全球范围有机产业发展的调研，并于2018年2月在德国Biofach展会上发布了最新数据。到2018年已经连续19年发布世界有机农业统计年鉴

（490万公顷，9%）、北美洲（310万公顷，6%）和非洲（180万公顷，3%）。有机农地面积最大的3个国家分别是澳大利亚（2 740万公顷）、阿根廷（300万公顷）和中国（230万公顷）[①]。

1.1.2 全球范围内，有机农地比例为1.2%，其中以列支敦士登有机农地比例最高，为37.7%

2016年，有机农业用地占世界农业用地的1.2%。从地域上看，有机农地占比最高的两个洲分别是大洋洲（6.5%）和欧洲（2.7%）。其中，欧盟有6.7%的农业用地为有机农地。然而，一些国家的有机农地占比会比较高，高于10%的国家有15个，前3个国家/地区分别是列支敦士登（37.7%）、法属波利尼西亚（31.3%）和萨摩亚（22.4%）。

1.1.3 全球有机农地面积增加了750万公顷，增长率为15%

与2015年相比，2016年全球有机农地面积增加了约750万公顷（增长率为15%）。这主要是由于澳大利亚上报的有机农地面积增长了500万公顷。而其他国家有机农地面积的增长对全球农地面积增长也有重要贡献，比如中国（增长率为42%，面积增加67万多公顷）和乌拉圭（增长率为27%，面积增加30多万公顷）；印度和意大利有机农地面积也都增长了约30万公顷。

各大洲的有机农地面积都有所增长：欧洲增加了近100万公顷（增长率为6.7%）；亚洲增加了约90万公顷（增长率为34%）；非洲增加了10多万公顷（增长率为7%）；拉丁美洲在经历了面积多年减少之后，2016年增加了约40万公顷（增长率为6%）；北美洲增加了超过20万公顷（增长率高于5%）。亚洲和非洲的几个国家，如老挝、塞拉利昂和津巴布韦有机农地面积有比较明显的增长。

除了有机农地以外，还有其他形式的有机土地，大部分区域为野生采集和养蜂业用地。其他形式还有非农业用地的水产养殖、森林和天然牧场。这些非农业用地的总面积超过3 970万公顷。

1.1.4 有机生产者数量在上升，2016年有270万生产者

2016年，全球有机生产者不少于270万人（2015年为240万人）。其中，40%的有

[①] 译者注：2015年中国的有机农地面积为161万公顷，世界排名第五位

机生产者分布于亚洲，其次是非洲（27%）和拉丁美洲（17%）。拥有有机生产者数量最多的3个国家分别是印度（835 000人）、乌干达（210 352人）和墨西哥（210 000人）。与2015年相比，有机农业生产者增长超过13%，增长超过30万人。2016年，全球大约1/4的有机农地（1 430万公顷）和超过87%（240万人）的有机生产者分布于发展中国家和新兴市场。

1.1.5 主要作物面积都有所增长

在以有机方式管理的5 780万公顷农地中，超过90%的有机农地用途明确。然而，有机农地面积较大的一些国家，如澳大利亚、巴西和印度，还缺少或者没有土地使用方面的详细信息。

在用途明确的有机农地中，有机草地/牧场占地超过2/3（3 800万公顷，与2015年相比，增长约16.5%）；季节性作物面积近1 060万公顷，占有机农业用地的18%（与2015年相比，增加了约6.3%），主要用于谷物等的种植，包括水稻（410万公顷）、青饲料（280万公顷）、油料作物（130万公顷）、干豆类和纺织原料作物（50万公顷）。

多年生作物占有机农地的8%，达到了450万公顷。与之前的调查数据相比，增长超过12.6万公顷（增长9%）。最重要的多年生作物有咖啡（面积超过90万公顷，占多年生作物有机农地比例超过20%），接下来是橄榄（近70万公顷）、坚果（近60万公顷）、酿酒葡萄（近40万公顷），以及热带和亚热带水果（超过30万公顷）。

有机棉花的详细信息是由纺织品交易所提供的，数据显示在2015—2016生长季，全球有机棉花种植面积为302 562公顷，产量为107 980吨，棉花种植户数量为219 947人。目前有18个国家生产认证的有机棉花，但97%的有机棉花供应主要来自7个国家。印度仍是遥遥领先的最大的生产者，占了有机棉花产量的近2/3；随后是中国、吉尔吉斯斯坦、土耳其和塔吉克斯坦等。

1.1.6 全球市场增至近900亿美元

根据Ecovia Intelligence统计，20年来全球有机食品（含饮品）的销售总额从最初不到150亿美元增长到2016年的900亿美元。增长的良好态势虽然会继续，但是有机市场还是面临很多挑战：其中包括需求比较集中（90%的销售额产生在北美洲和欧洲）、激增的标准，以及欧洲和北美洲部分区域由于对供应短缺的担心而导致有机农地增速迟缓等。

2016年，全球最大的有机产品市场依然是美国、德国和法国，销售额依次为389亿欧元、97亿欧元和67亿欧元[①]。

最大的单一市场依然是美国，销售额约占全球总额的47%，其次是欧盟（307亿欧元，占比37%）和中国（59亿欧元，占比6%）。全球有机食品人均消费高达200欧元以上的国家有瑞士（274欧元）和丹麦（227欧元）[②]。有机食品市场份额最高的国家为丹麦（9.7%）、卢森堡（8.6%）和瑞士（8.4%）。

1.2 各地区有机农业概况

1.2.1 非 洲

2016年，非洲经认证的有机农地面积至少为180万公顷，占世界有机农地总面积的3%。与2015年相比，有机农地面积增长了近11.9万公顷（增长率为7%）。非洲的有机生产者多于74.1万人。坦桑尼亚共和国有近27万公顷有机农地，是非洲有机农地面积最大的国家；而拥有有机生产者数量最多的国家是乌干达（超过21万人）。有机农地占比最高的国家是岛国圣多美和普林西比，该国13.8%的农地为有机认证。非洲绝大部分的有机认证生产用于出口。主要作物有咖啡、橄榄、坚果、可可、油料作物和棉花。非洲国家中，只有摩洛哥和突尼斯拥有有机法规；7个国家正在草拟有机法规，11个国家有有机国家标准但是并没有机国家法规。

2017年，越来越多的政策制定者认同有机农业在解决非洲食品安全、土壤退化、贫穷和气候变化等方面的重要作用。有机会议大获成功，下一届东非地区有机大会预计于2018年5月开幕。第四届非洲有机大会将于2018年11月在喀麦隆首都雅温得举办。这些会议将成为有机农业在非洲主流化进程中的重要里程碑。

1.2.2 亚 洲

2016年亚洲有机农地面积将近490万公顷。有机生产者的数量约110万人，绝大多数分布在印度。有机农地面积排名前两位的是中国（230万公顷）和印度（近150万公顷）；东帝汶的有机农地占比最高，为7.4%。20个国家已经制定了有机农业法规，还

[①] 译者注：中国位于第四位，销售额为59亿欧元

[②] 译者注：世界人均消费约11.3欧元，中国人均消费约4.2欧元（约33元人民币，比2015年增长了约11元人民币，市场潜力很大）

有6个国家正在起草中。11个国家有有机国家标准但是没有有机国家法规。

2017年,提交数据至亚洲委员会的国家,其有机产品产量在整体上都有所增长。以孟加拉国为例,有机产品的出口量也在增加。而在中国,无论是全国性还是地方性的有机团体都经历了非常重要的增长,比如说有机市场有机营销俱乐部,有机联盟或有机平台等。社区支持农业(CSA)和参与式保障体系(PGS)同样吸引了大众的广泛注意。2016年年底,中国和新西兰签订了有机产品双边协议。印度当局为有机食品引入了一个共同标志"Jaivik Bharat"。菲律宾有120多位市长积极参与发展当地有机农业。有些城市因其有机农业的典范发展而获得国际认可,第三届IFOAM亚洲有机大会将于2018年9月在菲律宾举办。

民众对亚洲地方政府有机农业(ALGOA)的兴趣和参与日益增加。一些地方政府表示有意愿在各自的国家组建ALGOA地方分会。

1.2.3 欧 洲

截至2016年年底,欧洲有机农地的面积有1 350万公顷(欧盟约1 210万公顷),有机生产者超过37万人(欧盟超过29.5万人)。欧洲有机农地面积占所有农地面积的比例为2.7%(欧盟为6.7%)。欧洲有机农地占全球有机农地的23%。与2015年相比,有机农地面积增加了约80万公顷。有机农地面积最大的国家是西班牙(约200万公顷)、意大利(180万公顷)和法国(150万公顷)。有9个国家的有机农地比例超过10%,列支敦士登(37.7%)、奥地利(21.9%)和爱沙尼亚(18.9%)分列前三位。2016年有机产品零售总额约为335亿欧元(其中欧盟307亿欧元),比2015年的销售额增长11个百分点以上。德国是欧洲最大的有机产品市场,有机产品零售额约为95亿欧元,法国紧随其后(67亿欧元),意大利位列第三(26亿欧元)。

在欧洲,所有国家都已经制定了有机法规或者正在起草中。2017年,在欧盟委员会提出立法提案4年后,欧盟机构就欧盟有机监管审查进行的谈判开始接近尾声。基本文本信息已获批准,还需要对生产、监控和进口规则进行修订。关于2020年后欧盟共同农业政策(CAP)未来方向的讨论已于2017年2月正式启动。未来几年将是有机部门与决策者和其他农业食品利益相关方合作的关键时期,将有关未来CAP的讨论作为支持欧洲发展有机食品和农业的手段。TP Organics(欧洲有机食品和农耕研究技术平台)发布了名为"可持续粮食和农业研究与创新"的立场文件,概述了将于2021年启动的第九届欧盟研究与创新框架计划(FP9)的内容。TP Organics呼吁将"联合国可持续发展目标"作为下一个框架计划体系结构的基础。

在本书中，我们收到了关于乌克兰有机农业的国家报告。乌克兰已成为西方有机产品市场的重要供应商。乌克兰主要出口的有机产品有谷物、油料作物、豆类、野生采集的浆果、蘑菇、坚果和草药。政策层面的最新进展包括政府数据收集系统的引进。乌克兰国家有机产品标签上的标志已经正式注册，成为乌克兰农业政策和食品部所拥有的商标。

1.2.4 地中海地区

地中海地区包括北非、西亚和南欧的国家。地中海有机农业网络（MOAN）致力于收集和传播地中海地区有机行业的数据。根据最新数据，地中海地区的有机认证总面积超过790万公顷，其中有机农地面积为690万公顷。

欧盟区的地中海国家（EU Med）是地中海地区有机农业组成的最重要部分，有机占比达到87%。欧盟的候选国和潜在候选国（CPC）位居其次，占比为8%。南部和东部地中海（SEM）国家有机占比只有5%。

地中海地区的立法和监管框架在各国之间差异很大，这直接影响到有机数据的收集和可用性。在欧盟国家，有机统计收集的官方机制已经确立，许多CPC国家执行国家有机立法，并处于与欧盟有机农业法规高度协调一致的阶段。但是，在国家法律尚未完全实施的SEM国家，数据收集主要基于直接和非正式的沟通，有时仅提供部分信息。

1.2.5 拉丁美洲和加勒比海地区

2016年，拉丁美洲和加勒比海地区从事有机农业的生产者近46万人，以有机方式进行管理的农地有710万公顷，占整个地区农地面积的近1.0%，世界有机农地的12%。该地区拥有有机农地最多的国家是阿根廷（300万公顷）、乌拉圭（170万公顷）和巴西（75万公顷，2014年数据）。福克兰群岛/马尔维纳斯的有机农地占比最高，为12.2%，其次是乌拉圭（11.5%）和法属圭亚那（10%）。

许多拉美国家依然是有机产香蕉、可可和咖啡的重要出口国。阿根廷和乌拉圭的重要出口商品则为温带水果和猪肉。此地区有23个国家已经制定了有机法规或者正在起草中。2017年10月，智利和欧盟宣布完成与有机产品贸易协议有关的必要内部程序，并于2018年1月1日生效。

过去的10年中，当地有机市场一直在稳步增长。巴西是当地最大的有机食品市场，自2009年以来，"全国学校餐食计划"一直是一项重大成就。政府规定30%的公共采购预算应当用于从家庭农场购买，而且优先考虑有机农户的产品。2017年，此地区有一些重要活动，如在玻利维亚举办的第七届拉丁美洲和加勒比有机生态农业会议，第六届拉丁美洲农业生态学大会，以及巴西-IFOAM的有机领导力课程（OLC）。

1.2.6　北美洲

2016年，北美洲有机农地面积近310万公顷，其中美国200万公顷，加拿大110万公顷，占本地区全部农地的0.8%。

由于消费者使用比以往更多的有机产品，美国有机产业继续向前发展，不仅取得新的市场份额并且不断刷新纪录。2016年，美国的有机产品销售总额约为470亿美元（食品销售额为430亿美元），比2015年销售额增加了近37亿美元。目前有机食品销售额占美国食品总销售额的5.3%。2017年农业法案的倡议一直是主要推动力，并将在2018年继续占据核心地位。有机领导者与立法者合作制定了3项两党法案。第一个是"有机农民和消费者保护法案"的提出，旨在加强对全球有机贸易的监管。第二个是2017年的"有机研究法案"，将美国农业部有机农业研究和推广计划的年度资助增加到每年5 000万美元。第三个是"有机农民准入法案"，旨在扩展有机农业获得农村发展项目的机会和资格。

加拿大的有机行业（从田间地头到餐桌）继续稳定发展。全国有超过5 000个有机从业者提供比以往更多的有机原料、产品和服务。2017年加拿大的有机产业价值估计为54亿加元，高于2015年的47亿加元。要确保有机产品能够保持竞争力，需要与政府和监管机构进行持续对话，需要为加拿大有机标准持续提供持久的资金，并缩小省际和地区间的监管差距。

1.2.7　大洋洲

大洋洲包括澳大利亚、新西兰和太平洋岛国，共计约有2.7万有机农业生产者，2 730万公顷有机农地。有机农地面积占该地区农地的6.5%，约占世界有机农地一半。该地区99%以上的有机农地分布在澳大利亚（2 710万公顷，97%是广袤的牧场），其次是新西兰（超过7.4万公顷，2014年数据）和萨摩亚（近6.3万公顷）。

有机农地占比最高的国家是法属波利尼西亚（31.3%），其次是萨摩亚（22.4%）、澳大利亚（6.7%）、瓦努阿图（6.3%）和所罗门群岛（5.3%）。澳大利亚、新西兰和太平洋岛国有机产业的增长主要是受海外需求快速增长的影响，国内市场亦在增长。

2016年，澳大利亚经过认证的有机牧区土地增长更为迅速，有机初级生产者数量稳步增加。据估计，2015年到2016年澳大利亚出口到其他国家的有机产品总量（以吨计）增加了17%。澳大利亚有机认证部门的监管和治理安排一直保持稳定，但也在发生变化。澳大利亚政府、有机产业集团和有机供应链的参与者都参与实施了旨在提高澳大利亚有机产业价值的一系列举措。

地方和国家机构及发展伙伴日益认识到有机农业作为太平洋岛国发展工具的价值：诸如太平洋有机旅游和酒店标准及太平洋有机政策工具包等创新项目吸引了众多从农民到政策制定者的关注。该地区的有机农民数量和参与式保障体系（PGS）都在持续增长，其发展速度高于第三方认证机构的认证速度。当旅游业和餐饮业开始将有机和可持续发展视为太平洋岛国品牌的一部分时，当地的有机产品市场将开始迅速增长。

1.3　标准、法规和政策支持

根据瑞士有机农业研究所（FiBL）对有机规则和法规的调查统计显示，2017年已有87个国家制定了有机标准，18个国家正在起草法案。还有至少33个国家，主要是亚洲和非洲国家，已经采用了有机农业国家标准。在欧盟，经过3年多的激烈辩论后，欧盟理事会和议会就新的有机法规达成了一致意见。新法规预计将于2018年4月或5月通过。未来两年，实施的条款将进行讨论并达成一致，新法规预计于2021年1月1日生效。在美国，美国农业部（USDA）进一步加强了维护有机完整性的措施，例如发布了"维护有机进口产品完整性的临时指示"。

有机标准是指导和控制有机食品加工环节的重要监管框架。一项对8种有机标准的比较表明，政府标准比民间标准更为宽泛，民间标准对使用的添加剂和加工助剂及加工方法提供更具体的指导。

参与式保障体系（PGS）是本地化的质量保证体系。PGS已成为一种第三方认证的低成本替代方式，是开发当地有机农产品市场的有效工具，特别适用于小农户。根据IFOAM国际有机联盟进行的2017年关于全球PGS调查所收集的数据显示，已经有66个国家建立了PGS，全球至少有311 449名农民参与了PGS的倡议，主要包括小农和小型加工商。据估计，目前至少有241项PGS行动计划，其中127项全面运作。

各国政府现在向有机农业提供公共支持，成果、经验教训和政策建议现已以工具包形式公布。新的IFOAM政策工具包旨在填补有机宣传和决策领域的知识空白：决策者不仅可以了解我们应该支持有机农业的原因，还可以了解如何支持有机农业。

1.4　IFOAM国际有机联盟的新战略计划

IFOAM国际有机联盟于2017年组织的有机会员大会决定了一项新战略计划。新的IFOAM战略计划将在3个关键因素上发挥作用：通过运营商和其他价值链参与者的能力发展加强供应；通过支持沟通和宣传活动刺激需求；有益可持续生产和消费的政策和环境保障的倡议。

1.5　瑞士有机农业研究所（FiBL）的下一次世界有机农业调查

下一次全球有机调查将于2018年年中开始。数据将于2019年2月发布，并在德国纽伦堡的BioFach有机博览会上展现。我们将联系所有相关专家，如果您能给我们提供数据，我们不胜感激。若您发现本书统计数据有任何错误，请告知我们；我们将更正数据库中的信息，并将在《2019年世界有机农业概况与趋势预测》中提供更正的数据。更正信息也会发布在www.organic-world.net网站。

2 全球有机农业现状

2.1 全球有机农业面积、从业者和市场现状[①]

第十九次全球范围内的认证有机农业调查由瑞士有机农业研究所（FiBL）联合来自全球的合作伙伴共同完成。调查结果由FiBL和IFOAM国际有机联盟（IFOAM - Organics International）联合发布，并获得来自瑞士国家经济事务秘书处（SECO）、国际贸易中心（ITC）以及纽伦堡展会公司的支持。

数据共由200多个专业组织及个人提供。数据的收集工作由政府部门、民间组织、认证机构及市场调研公司完成。其中，特别强调如下国际性认证机构的贡献，他们提供了许多国家的数据：BCS，CERES，Certisys，ControlUnion，Ecocert，ICEA，Institute for Marketecology（IMO），LACON，Quality Certification Services（QCS），以及Soil Association。地中海国家的数据由地中海有机农业网络（MOAN，巴里地中海农业研究所）提供，太平洋群岛的数据由太平洋有机和道德贸易社区提供

[①] 本节的作者为Julia Lernoud and Helga Willer

（POET.com）。

总体而言，此次调查获得到了178个国家或地区的数据。马约特岛之前一直在提供该地区的数据，但是2016年未提供最新数据。150个国家提供了有机农地面积的更新数据。然而，对于一些国家而言，其更新的数据仅仅是在有机农地面积方面，而对于农场数量、耕地使用情况或其他一些指标的数据则无法获得。另外，FiBL会从认证机构获得部分国家的数据，但并不是所有认证机构都提供了更新数据。

当最新的数据无法获得时，就会沿用之前调查的数据。

收集的数据指标包括：①有机农地面积（公顷），按国家和国别小组分类，包括农作物的分类；②畜禽数量；③生产的数据（产量和价值）；④生产者和其他经营者的类型；⑤国内市场数据（总零售额和交易量、人均消费、市场份额及各类产品情况）；⑥国际贸易数据（总进出口贸易额和贸易量以及各类产品的情况）。

由于不能获得完整的全球信息，一些统计了的指标未能在本书中发布（例如，产量、畜禽数量、有机产品细分的国内市场和国际市场交易数据）。更多关于数据收集和分析过程的信息，可在Organic Eprints网站找到（网址为http：//orgprints.org/31359）。更多信息可在statistics.fibl.org网站上查询。

2.1.1 对于数据的总体说明

有机面积：数据表示已认证的有机农地/面积，是指已通过认证或者正在转换期中的土地，因为很多数据来源无法区分这两者或不包含后者（如奥地利、德国和瑞士），并且处在转换期中的土地也在有机方式下管理着。关于有机农业的定义，请见IFOAM - Organics International网站。

转换期数据：有些国家的数据来源于不同的认证机构，并不是所有的认证机构都提供了转换期的相应数据。因此，处于转换期的土地面积和通过有机认证的土地面积总和与有机农业管理下的总面积有所差距。

占全部农地的比例：有些国家的有机农地占全部农地的比例或者占单品作物的比例是基于FAOSTAT的数据或Eurostat计算的。由于数据来源的不同，计算的比例可能会跟当地政府部门或专家提供的数据有所差异。

PGS：从2011年起，有些国家也提供了参与式保障体系认证的面积。

国家/地区：对于国家/地区，使用了国际粮农组织的国家列表，按区域划分的国家/地区大多数情况下使用了联合国统计司确定的国家和地区代码分类。

数据来源：数据从民间机构、政府、认证机构等处获得。

直接的年际比较：因为数据来源可能存在变化，直接的年际间的比较不适用于所有数据，有些数据也不是每年都会更新或者数据比以前容易获得，数据交换的频率也会变化。

生产者数据的完整性：一些国家提供了包括小农户在内的全部生产者数量，而有的国家仅提供了公司、项目或种植者的数量（该类情况在非洲国家出现的比较多），这会使得生产者数量有偏差。因此，实际的生产者数量应该会比在本书中发布的数量要多。

国内市场数据的可比性：值得注意的是在不同国家中市场和贸易数据使用的统计方法不同，因此难以做比较。

数据修订：数据修订和更正发布在www.organic-world.net/statistics网站上。

元数据：FiBL全球有机农业调查元数据公布在Organic Eprints，网址为http://orgprints.org/31359。

2.1.2　有机土地

2.1.2.1　有机农业用地

2016年，全球有机农地面积为5 780万公顷。

拥有最多有机农地的地区是大洋洲，为2 730万公顷，其次是欧洲（1 350万公顷）、拉丁美洲（710万公顷）、亚洲（约490万公顷）、北美（310万公顷）及非洲（180万公顷）。

大洋洲有全球47%的有机农地。欧洲的有机农地数量在近些年一直保持非常稳定的增长，目前占全球有机农业用地的1/4；随后是拉丁美洲，占全球有机农地的12%（图2-1）。

澳大利亚的有机农地在2016年有明显的增长（增长了500万公顷），是目前拥有有机农地最多的国家，其中97%都是广阔的草原。阿根廷位于第二，中国则是第三（图2-2）。拥有最多有机农地面积的前十位国家总共有4 420万公顷有机农地，占世界有机农地的3/4。

除了有机农业用地，还有其他的有机区域，如野生采集区域。这些区域的总面积超过3 970万公顷。

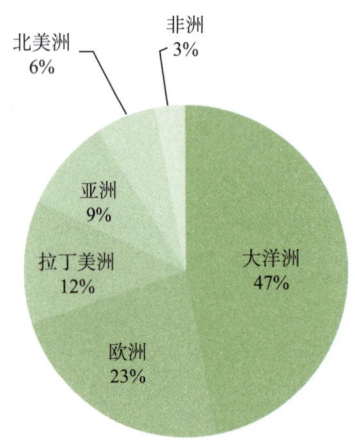

图2-1 2016年全球有机农地分布

数据来源：2018年FiBL调查

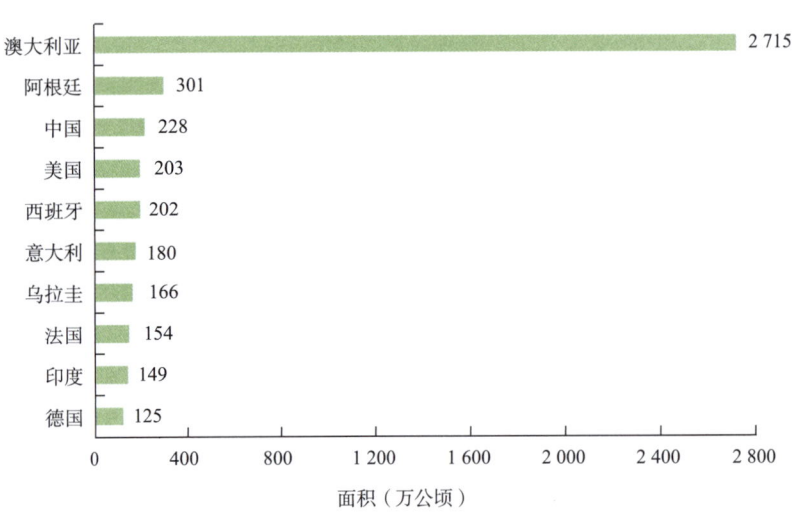

图2-2 2016年有机农地面积位列前十位的国家/地区

数据来源：2018年FiBL调查

2.1.2.2　有机农地比例

世界有机农地面积占总农地面积的1.2%。按照地区划分，有机农地比例最高的是大洋洲（6.5%），其次是欧洲（2.7%）。欧盟拥有6.7%的有机农业用地面积。而在其他区域，有机农地比例不足1%。

而很多国家的有机农地的比例相对较高（图2-3）。其中，有15个国家用于有机生产的土地超过10%（2011年这个数值为11个国家），大部分是欧洲国家。

拥有最高有机农地比例的国家是列支敦士登，近乎38%的土地是有机管理。有趣的是很多岛国都有很高的有机农地比例，例如法属波利尼西亚和萨摩亚。

但是，在能够获得相关数据的国家当中，60%的国家拥有不到1%的有机农业用地（图2-4）。

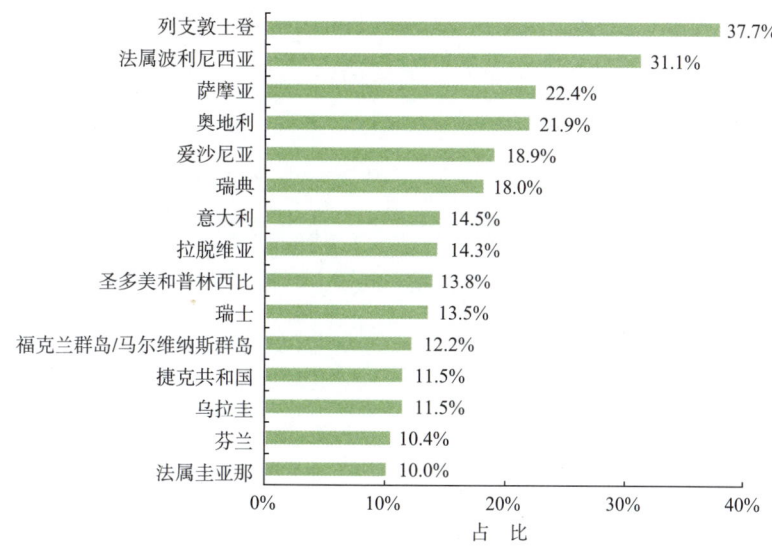

图2-3　有机农地占比10%以上的国家/地区

数据来源：2018年FiBL调查

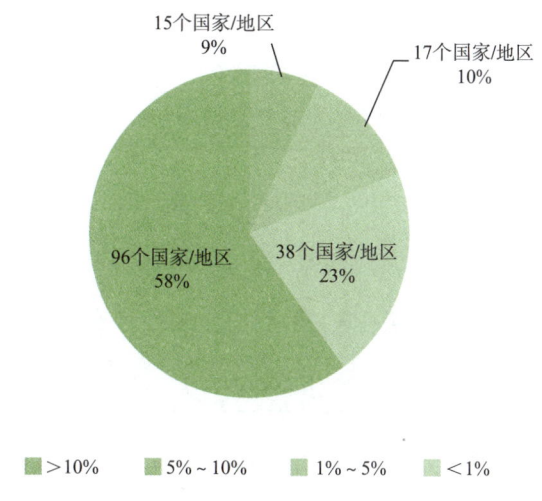

图2-4　2016年全球有机农地比分布情况

数据来源：2018年FiBL调查

2.1.2.3 有机农地的增长

与1999年只有1 100万公顷的有机农地相比，2016年全球有机农地的数量已经增长了4倍（图2-5）。2016年有机农地的面积比2015年增加了750万公顷（增长了将近15%），多于2015年报告的增长面积，这主要是由于澳大利亚的有机农地面积增加了500万公顷。当然，其他许多国家有机农地面积也有大幅增长，这也为全球性的增长做出了贡献，例如，中国增加了超过67万公顷（增长了42%），乌拉圭增加了超过35万公顷（增长了27%），印度和意大利均增加了30万公顷（图2-6）。

2016年，所有区域的有机农业用地面积都有所增长（图2-7）。大洋洲的绝对增长最多（增加510万公顷，增长了22.9%），其次是亚洲（增加90万公顷，增长了23.5%），再次是欧洲（增加80万公顷，增长了6.7%）。而拉丁美洲在连年有机农业用地面积减少之后，于2016年实现首次增长（增加40万公顷，增长了6%）。

83个国家的有机农地面积都有不同程度的增长，同时也有39个国家/地区报告了有机农地面积的减少。另外，还有51个国家/地区的数据没有变化或未更新。

图2-5至图2-7包含了往年数据，因为FiBL数据库的数据有部分修订和增加，这些数据可能和原来报告的数据不符。

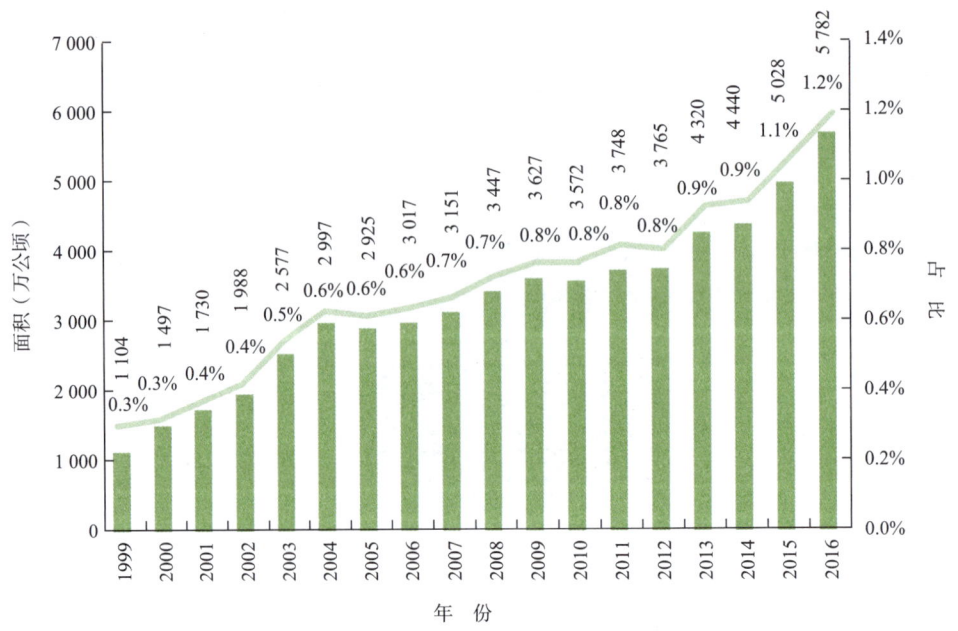

图2-5　1999—2016年全球有机农地面积和占比发展情况

数据来源：2000—2018年FiBL-IFOAM-SOEL调查

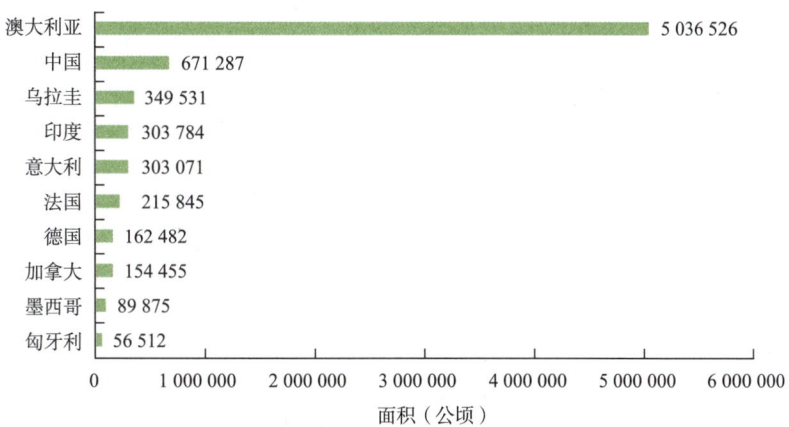

图2-6　2016年有机种植面积增长量位列前十位的国家/地区

数据来源：2018年FiBL调查

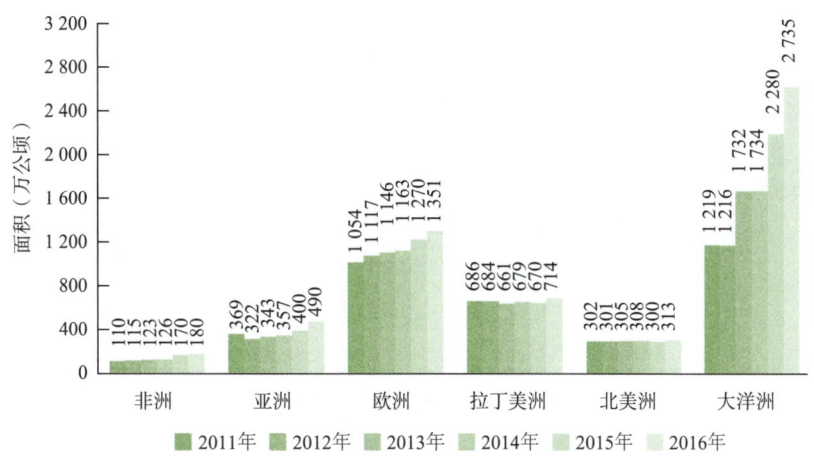

图2-7　2011—2016年各洲有机农地发展情况

数据来源：2000—2018年FiBL-IFOAM-SOEL调查

2.1.2.4　其他用途的有机用地

除了有机农地外，还有其他用途的有机用地。其中最大的就是野生采集区和养蜂区。其他非农业的有机用地还包括水产、林区和牧场。这些区域的总面积是3 970万公顷，全球有机面积共有9 750万公顷（图2-8）。

需要注意的是，很多国家并没有提供非农业有机用地的数据。因此，我们只能假设其他数据是不完整的，特别是水产养殖和森林用地。

对于有机水产和蜜蜂养殖来说，其他的指标（产量和蜂巢数量）比面积更有参考价值，而且有机水产和蜜蜂养殖的重要性无法用公顷来计量。

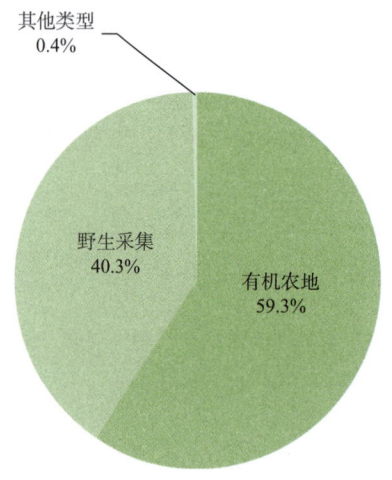

图2-8　2016年全球所有有机用地面积分布情况（总计9 750万公顷）

数据来源：2018年FiBL调查

2.1.3　有机生产者和其他经营者类型

2.1.3.1　生产者

目前，全球有超过270万名有机生产者。根据得到的数据，超过80%的生产者位于亚洲、非洲和拉丁美洲（图2-9）。拥有最多有机生产者的国家是印度，接着是乌干达与墨西哥（图2-10）。

与2015年相比，生产者数量增长了30万人，增加了超过13%。2016年，印度、乌干达、意大利、墨西哥和越南的有机生产者数量有明显增加，这5个国家构成了全球有机生产者数量增长的主要部分。

要统计有机农场的准确数量仍比较困难，原因如下：①调查只提供企业、项目或生产者组织数量，而上述3种可能是由很多独立生产者组成的；②调查未提供有机生产者数量的任何数据；③如果有野生采集区域，调查数据包括野生采集者；④调查提供从事每种作物生产的生产者数量，但有可能同一个有机生产者种植多种作物。

所以，有机生产者的数量应该谨慎对待。另外，可以设想实际的有机生产者总数可能比报告中的数量要高。

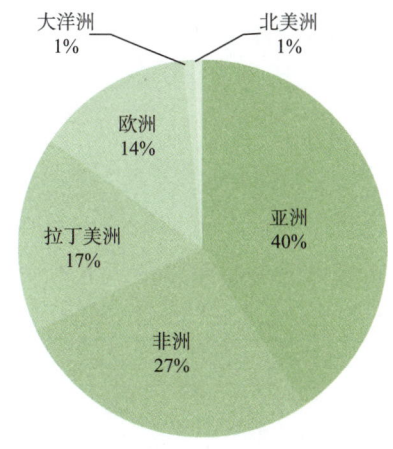

图2-9 2016年全球有机生产者分布情况（共270万人）

数据来源：2018年FiBL调查

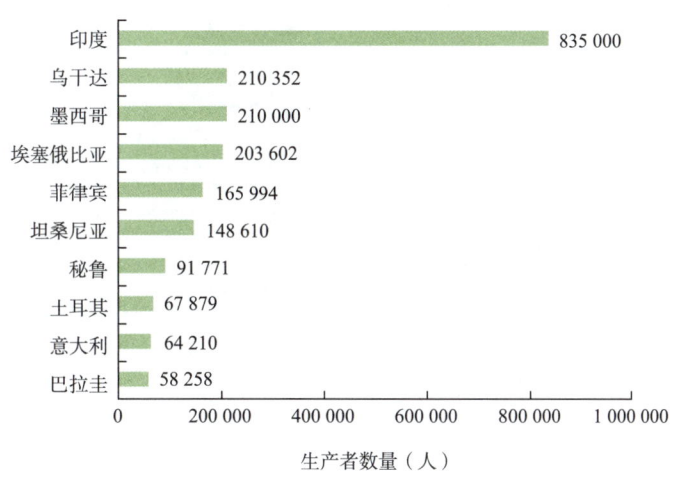

图2-10 2016年全球有机生产者数量位列前十位的国家/地区

数据来源：2018年FiBL调查

2.1.3.2 其他经营者类型

根据其他有机经营者类型的数据，全球有超过8.1万个加工商和至少5 100个进口商，大部分分布在欧洲。然而，不是所有国家提供了加工商、进出口商或其他经营者类型的数据。例如，美国的该类数据就有缺失，所以实际的数据会比统计的数据要高很多。

更多经营者类型包括蜜蜂养殖户、进出口商、小农户、水产养殖企业以及采集者（野生采集）。

2.1.4 零售额与国际贸易数据

2.1.4.1 零售额

Amarjit Sahota展示了有机市场的全球趋势并给出了大量背景信息（第3章），本章节主要展示了根据FiBL对有机农业的调查而给出的各国市场相关数据。总零售额中包含了超过55个国家的数据，这也说明有很多从事有机农业活动的国家并未提供相关信息。

美国是最大的有机食品市场（389亿欧元），紧随其后的是德国（95亿欧元）、法国（67亿欧元）和中国（59亿欧元）（图2-11）。最大的单一市场是美国，其次是欧盟（307亿欧元）和中国（图2-12）。从地域的角度来看，北美洲遥遥领先（419亿欧元），其次是欧洲（335亿欧元）和亚洲（图2-13）。

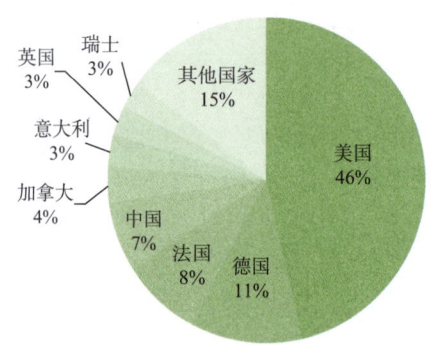

图2-11　2016年各国家/地区有机食品销售额分布

数据来源：2018年FiBL-AMI调查

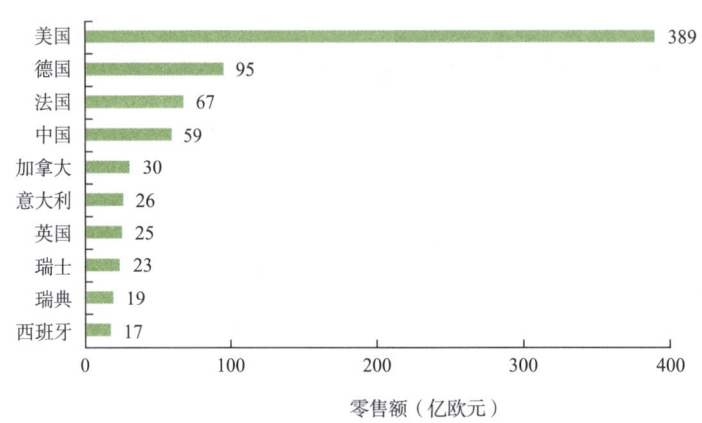

图2-12　2016年全球有机市场（零售额）位列前十位的国家/地区

数据来源：2018年FiBL-AMI调查

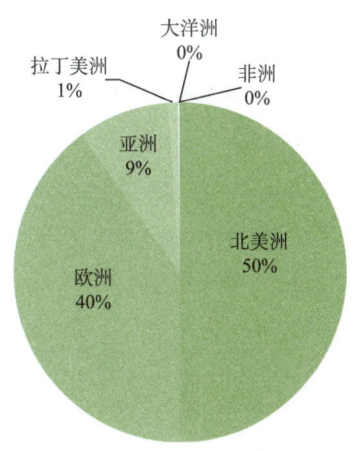

图2-13 2016年全球区域销售额分布

数据来源：2018年FiBL-AMI调查

提供2016年市场数据的所有国家中，很多都可以看到增长的趋势，有些国家甚至有两位数的增长。爱尔兰和法国是增长最快的国家，市场增长均达到了22%，丹麦和挪威均达到了20%。

按大洲来说，北美洲的人均消费最高（117欧元）。如果按照国家排名，欧洲国家则有最高的人均消费。2016年，全球人均消费最高的国家是瑞士（274欧元），丹麦（227欧元）和瑞典（197欧元）分列第二、第三位（图2-14）。

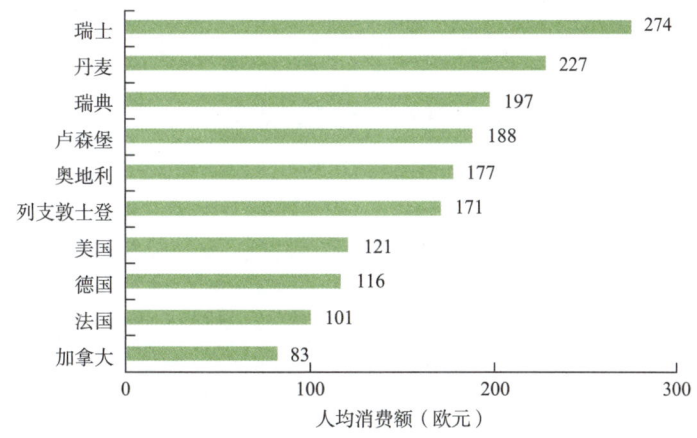

图2-14 2016年全球有机食品年人均消费位列前十位的国家/地区

数据来源：2018年FiBL-AMI调查

有机市场份额的领头羊是丹麦（9.7%），接下来是卢森堡（8.7%）、瑞士（8.4%）、奥地利（7.9%）和瑞典（7.9%）（图2-15）。

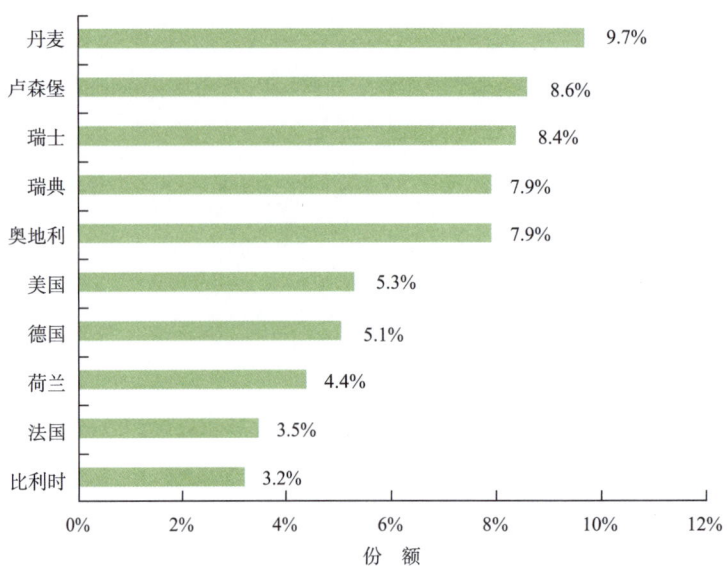

图2-15　2016年全球有机食品份额位列前十位的国家/地区

数据来源：2018年FiBL-AMI调查

2.1.4.2　出口数据

越来越多的国家可以提供国际贸易的相关数据。这些数据可以用进口/出口量（吨）或者进口/出口额表示。一些国家同时也提供了单品作物和产品的详细数据。超过53个国家提供了出口额。

2.1.5　发展中国家和新兴市场的有机农业

经济合作与发展组织（OECD）的发展援助委员会（DAC）提供了讨论"援助，发展与扶贫"等问题的平台。我们在这一部分根据发展援助委员会（DAC）分析了受官方发展援助（ODA）的国家。

DAC列表上的国家拥有超过240万人的有机生产者（占有机生产者总数的87%），并且拥有全球1/4的有机农业用地（1 430万公顷）。

如果将野生采集和蜜蜂养殖也计算在内，有机农业用地总面积为3 850万公顷。DAC列表国家中有将近一半的农业用地位于拉丁美洲国家（将近700万公顷），分列第二和第三的是亚洲（480万公顷）和非洲（180万公顷）。拥有有机农业用地面积最大的国家，按排名是阿根廷、中国、乌拉圭、印度和巴西。无疑，他们大部分都是国土面积较大的国家（图2-16）。

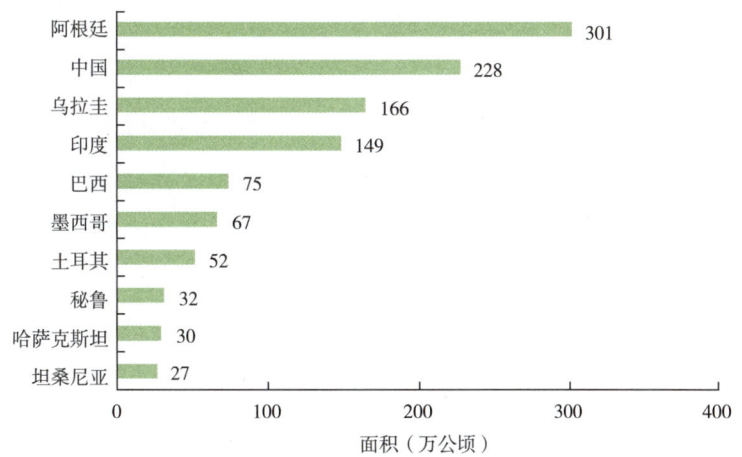

图2-16 DAC名单中2016年有机农地面积最大的国家/地区

数据来源：2018年FiBL调查

然而，如果计算有机农业用地占种植总面积的比例时，排名就会有变化。拥有最高比例有机农地的国家是萨摩亚群岛（22.4%）、圣多美和普林西比岛（13.8%）和乌拉圭（11.5%）。目前为止拥有最大有机种植面积的阿根廷（300万公顷），仅列第14名。

DAC名单上的前10个国家的有机农地比例可以与一些欧洲国家相媲美，这样的高比例可以归因于他们较大的生产潜力和对出口的重视，同时外部的支持措施也起到了一定的作用。

但是，只有26%的DAC列表国家的有机农地比例超过1%（图2-17）。

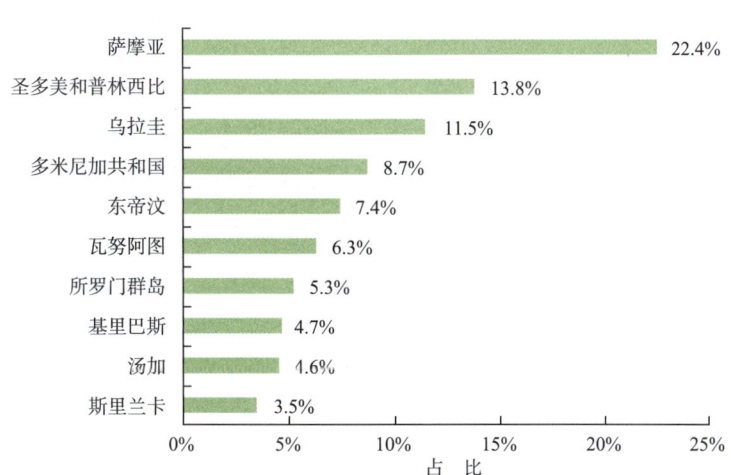

图2-17 DAC名单中2016年有机农地占比最高的前十位国家/地区

数据来源：2018年FiBL调查

80%以上的DAC列表国家农业用地使用情况可以查到详细的信息，但是有一些有机生产大国（印度和巴西）未能提供具体作物类别的数据。从已知数据的统计中得出，有机草地/牧场占总有机农地面积的30%，其次是有机季节性作物用地（26%）和有机多年生作物用地（22%）。无论是对肉制品（主要来自阿根廷和乌拉圭），还是对未经加工的多年生和季节性作物来说，出口都发挥着重要作用。最重要的作物是用于出口的作物，如谷物、咖啡、油料作物、纺织原料作物（主要是棉花）、可可和椰子等。对于非洲来说，咖啡和橄榄是最重要的作物；对于亚洲而言，谷物和油料作物最重要；而对于拉丁美洲，咖啡和可可则是最重要的作物。

2.2 有机农业用地的利用类型和主要商品形式

2.2.1 土地利用类型

2016年，有机农业用地面积为5 780万公顷，其中超过2/3的面积（近3 800万公顷）为草地/牧场。季节性作物用地面积为1 060万公顷，多年生作物用地为450万公顷，共计约1 500万公顷，超过有机农地的1/4。由于一些拥有较大有机农地面积的国家，如巴西和印度，目前没有土地使用的数据统计，因而实际有机农地的面积应该多于已有数据统计的面积。虽然92%的有机农地的大体使用信息可以获得，但不是所有国家都提供了详细的作物种植数据，所以只能获得部分区域的作物详细信息。

本调查中使用了联合国粮食及农业组织（FAO）提供的土地利用类型分类，仅稍做修改。并使用与欧盟统计局类似的系统对作物进行分类。土地使用分类主要为如下几类：季节性作物用地、多年生作物用地、无更多具体信息的耕地（即没有提供详细分类信息的季节性和多年生作物）、多年生草地/牧场、其他农业区域（如树篱）和没有任何具体信息的有机农地（图2-18、图2-19和图2-20）。水产养殖、林地和非农业用地在此与农业用地区分开，分属于不同的类别，即归类于野生采集区域和养蜂区域。

土地使用信息按地理区域划分总结如下。

非洲：可以获得90%的有机农地的利用信息。接近2/3的农地用作种植多年生作物，如咖啡和橄榄；主要季节性作物为棉花和油料作物（芝麻和花生）。非洲有机农地的使用详情，请见第5章。

亚洲：可以获得1/3的有机农地利用信息。季节性作物用地主要用于种植谷物，包括水稻。另外，油料作物也是重要的作物。亚洲有机农地的使用详情，详见第

6章。

欧洲：欧洲的有机农地信息有较完善的数据并且主要的作物分类都有很好的记录。多年生牧场和季节性作物用地有基本相同的面积比例。季节性作物用地主要用来种植谷物和青饲料（两者都约有230万公顷）。多年生作物用地占有机农业用地的11%，其中超过1/3的多年生作物用地用来种植橄榄、酿酒葡萄、坚果和温带水果。欧洲有机农地的使用详情，请见第7章。

拉丁美洲和加勒比海地区：此地区将近60%的有机农地用作多年生有机牧场。多年生作物用地占全部有机农业用地的14%，其中超过40%的多年生作物用地用于种植咖啡、可可和热带水果。拉丁美洲和加勒比海地区的有机农地的使用详情，请见第8章。

北美洲：和欧洲类似，季节性作物用地和多年生草地/牧场用地有基本相同的面积比例。季节性作物用地大部分都用于谷物生产和青饲料的种植。北美洲的有机农地的使用详情，请见第9章。

大洋洲：澳大利亚大部分有机土地为广阔的草地/牧场，其他土地利用类型的信息很少。绝大部分多年生作物种植在太平洋区域。大洋洲的有机农地的使用详情，请见第10章。

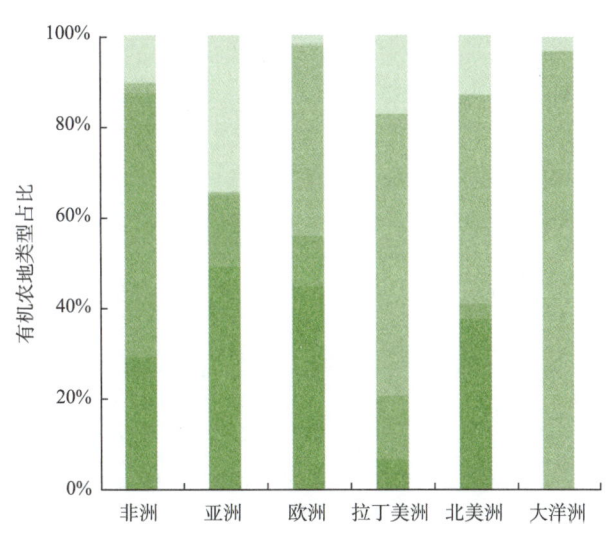

图2-18　2016年全球有机农地利用类型分布比例

数据来源：2018年FiBL调查

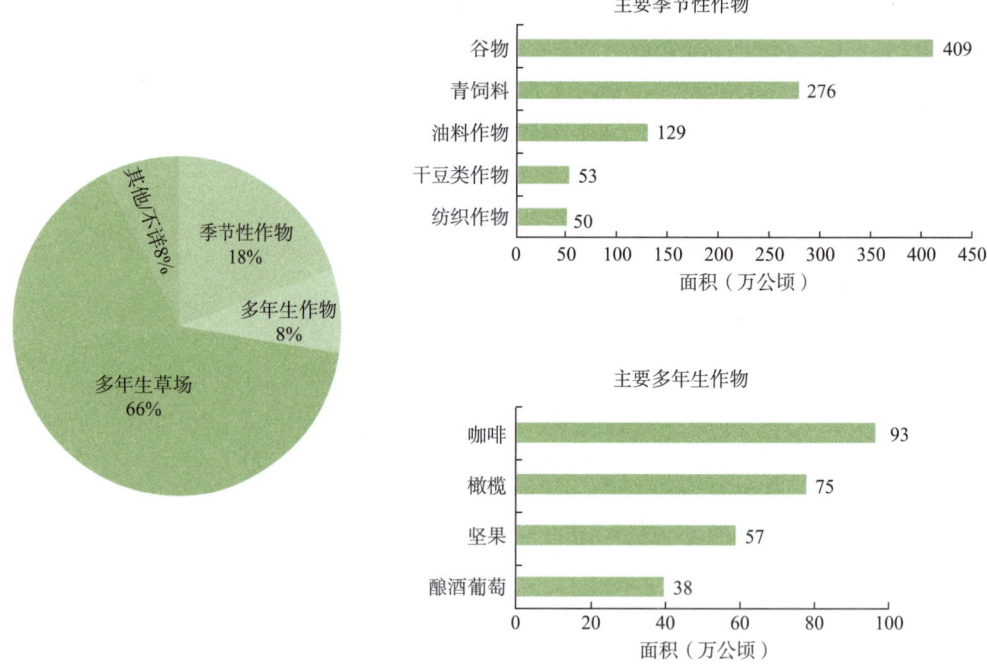

图2-19 2016年世界主要有机农地类型及作物种类

数据来源：2018年FiBL调查

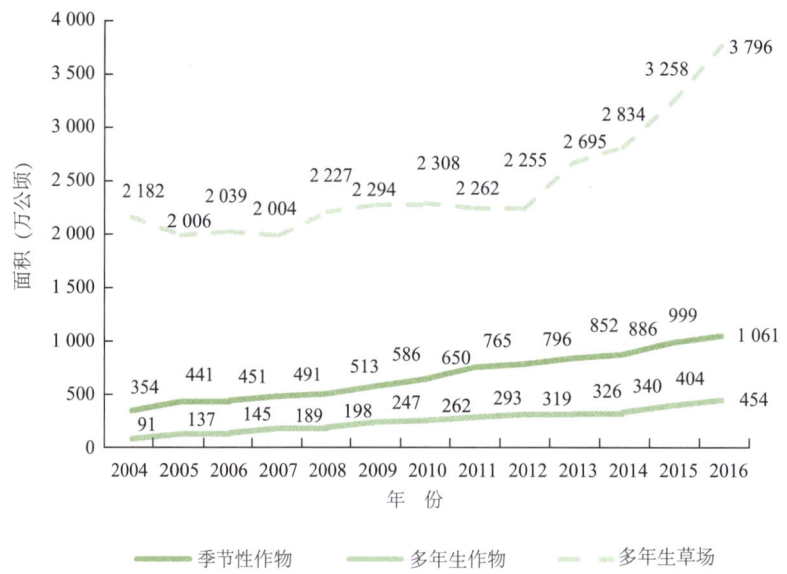

图2-20 2004—2016年世界有机季节性、多年生作物和多年生草场发展情况

数据来源：1999—2018年FiBL-IFOAM-SOEL调查

2.2.2 季节性作物用地

全世界共有近1 060万公顷的有机季节性作物用地，占全球有机农业用地的近20%，是世界季节性作物用地面积的0.7%（根据联合国粮食及农业组织提供数据，2015年全球共计1 425 918 770公顷季节性作物用地）。

与2015年相比，有机季节性作物用地面积的增长了6.3%，除了甘蔗面积减少10%以外，几乎所有作物种类的用地都有增长。

将近60%的季节性作物用地位于欧洲，亚洲（23%）和北美洲（11%）分列第二、第三位（图2-21）。大部分用地用于谷物种植包括水稻（410万公顷），青饲料（280万公顷）和油料作物（130万公顷）（图2-22）。

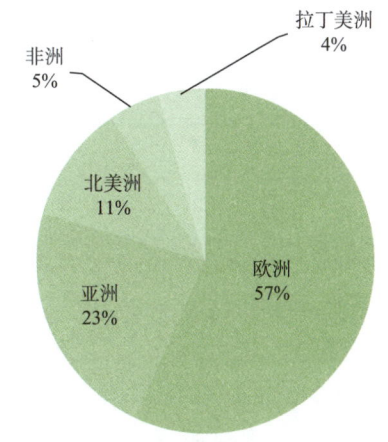

图2-21　2016年全球有机季节性作物分布

数据来源：2018年FiBL调查

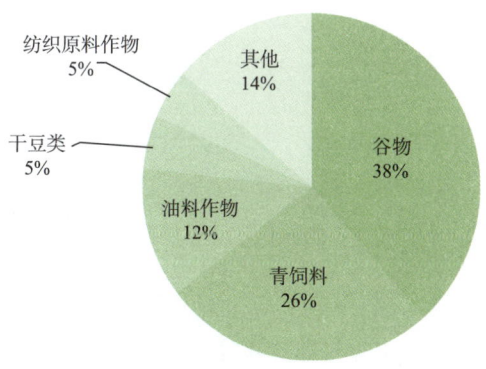

图2-22　2016年全球有机季节性作物农地分类比例

数据来源：2018年FiBL调查

2.2.3 多年生作物

多年生作物用地的面积超过450万公顷，占世界多年生作物用地的2.8%（根据联合国粮食及农业组织提供数据，2015年全球共有164 831 110公顷多年生作物用地）。和2015年相比，面积增长超过12.6万公顷（增长了9%）。全球有机农业用地中有8%是多年生作物用地。因此，多年生作物用地占有机农业用地的比例比其占所有农业用地的比例要高（略高于3%）。

大部分多年生作物用地位于欧洲（150万公顷），其次是非洲（100万公顷），再次是拉丁美洲（近100万公顷）（图2-23）。最重要的作物是咖啡，面积超过90万公顷，占有机多年生作物用地的20%；其次是油橄榄（70万公顷）、坚果（近60万公顷）、酿酒葡萄（近40万公顷），以及热带和亚热带水果（超过30万公顷）（图2-24）。

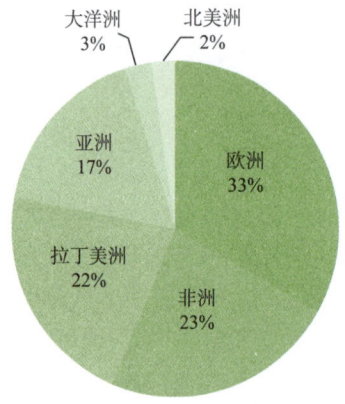

图2-23 2016年全球有机多年生作物农地分布

数据来源：2018年FiBL调查

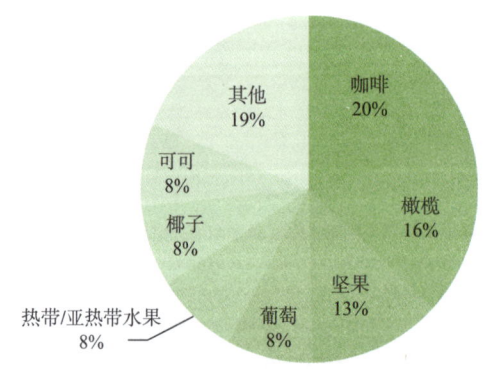

图2-24 2016年全球有机多年生作物农地分类比例

数据来源：2018年FiBL调查

2.2.4 野生采集和养蜂区域

IFOAM国际有机联盟标准中有对野生采集作物的定义（IFOAM，2014），同时野生采集的活动也受有机法规监管规范。2016年，全球野生采集区域（包括养蜂区）为3 930万公顷，集中在欧洲、非洲、亚洲和拉丁美洲，因此其分布与有机农业用地有较大的区别（图2-25）。

芬兰是野生采集面积最大的国家（主要是浆果），接着是赞比亚（养蜂区）和印度（图2-26）。野生浆果、养蜂业、中草药、芳香植物，还有非洲的乳木果和拉丁美洲的巴西坚果都扮演着非常重要的角色。较遗憾的是，无法获得大部分野生采集区域的具体信息。

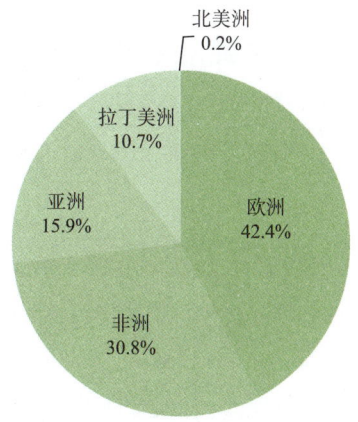

图2-25　2016年全球有机野生采集和养蜂区地域分布

数据来源：2018年FiBL调查

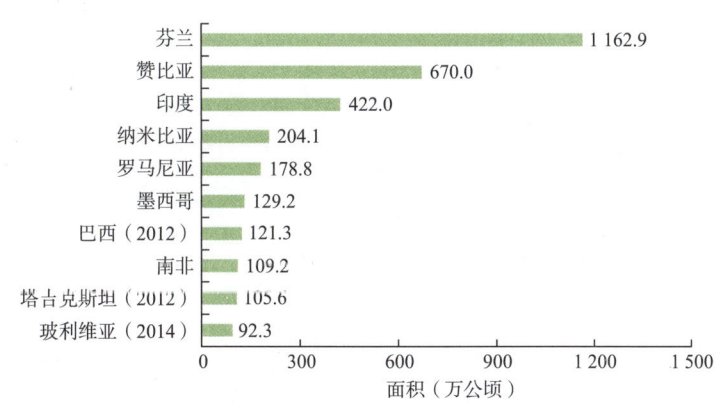

图2-26　2016年野生采集和养蜂区面积最大的10个国家/地区

数据来源：2018年FiBL调查

2.2.5 水产养殖

Naturland是德国的一个有机认证机构，1995年在德国首次对鲤鱼进行了有机认证，是14个自发性可持续发展标准（VSS）中第一个对水产进行认证的机构。2005年，IFOAM国际有机联盟认可了Naturland的最终水产有机标准。

2016年，有机水产品产量超过40万吨。根据已知数据，有机水产的生产主要集中在亚洲（77%，中国为主）和欧洲（22%）。中国的产量最大（超过30万吨），其次是爱尔兰（超过4.1万吨，主要是蓝贻贝、三文鱼和牡蛎），然后是挪威（1.72万吨，三文鱼为主）（图2-27）。与2015年相比，有机水产品产量增长了8%。不过遗憾的是，有些有机水产养殖产量很大的国家并没有提供相应的信息，例如巴西、印度尼西亚、泰国和越南。因此，我们认为实际有机水产的产量比报告中的要多。

只有不到20%的生产可以有足够的信息将其细分成不同的品种。根据已知数据，2016年有机三文鱼是产量最多的品种（近4.0万吨），其次是贻贝类（1.9万吨），接下来是鲤鱼（近6 000吨）和虾类（超过3 000吨）（图2-28）。

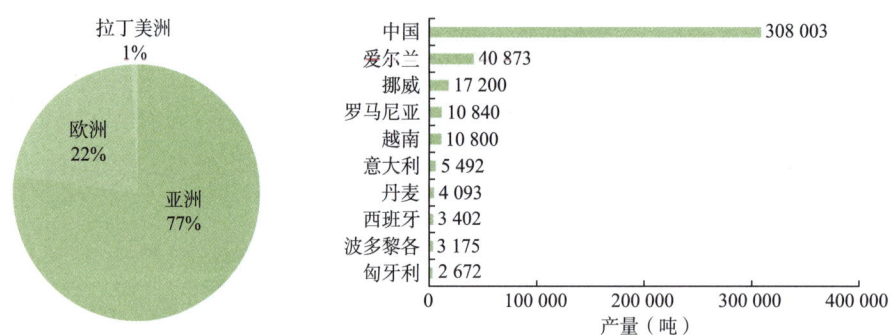

图2-27　2016年有机水产养殖全球分布及产量最高的10个国家/地区

数据来源：2018年FiBL调查

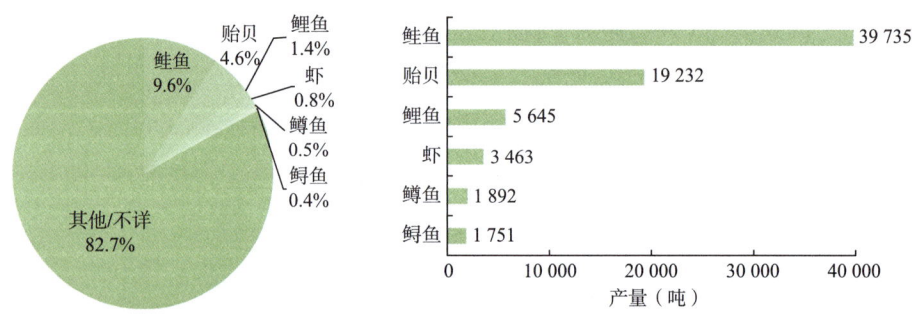

图2-28　2016年世界有机水产养殖主要品种比例及产量

数据来源：2018年FiBL调查

2.2.6 几种作物的数据统计

在这一部分，给出了一些关键作物与作物群的数据信息，包括有机管理下的区域与整个作物区域的对比。瑞士有机农业研究所（FiBL）于2004年首次收集土地利用与作物种植数据，因此2.2.6部分图表起始年份为2004年。

需要指出的是，有机种植面积主要与联合国粮食及农业组织（FAO）提供的2016年收获面积进行比较。数据可能不一定与认证机构登记的播种或种植面积一致。

在某些情况下，面积数据可能是指复混作物区域或热带水果情况下的农林复混区域，其中提供的作物面积是复混农林业系统的总面积，包括庭荫树和其他作物。在比较有机作物面积与某一作物的总面积时，尤其是在热带作物的情况下，应特别注意这一点。

关于有机转换期的情况：对于某些国家/地区，数据由多个认证机构进行整理，有一些机构提供了有机转换期的信息，而其他的则没有提供。因此，有机转换期农地和完全转换的农地面积总和不一定与有机农业管理下的农地总面积相等。

2.2.6部分介绍的表格只是FiBL数据库中可用信息的一部分，可从statistics.fibl.org获取。此外，在www.organic-world.net上可以获得关于关键作物的更多图表。

2.2.6.1 谷 物

2016年，至少约410万公顷种植谷物的农地以有机方式进行管理（图2-29）。对比2016年联合国粮食及农业组织数据库的统计数据，世界谷物面积为7.18亿公顷，其中0.6%的土地是以有机方式进行管理的。

谷物包括小麦、斯佩尔特小麦、大麦、燕麦、玉米、水稻、黑麦及黑小麦（图2-30）。

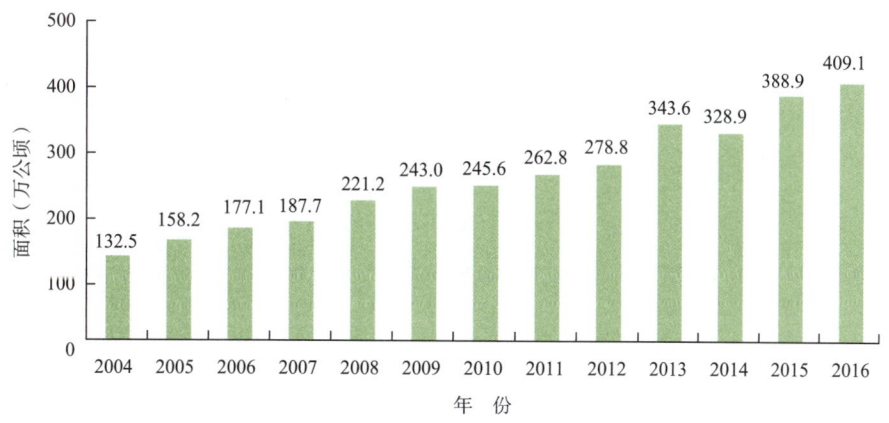

图2-29 2004—2016年全球有机谷物种植面积发展情况

数据来源：2006—2018年FiBL-IFOAM-SOEL调查

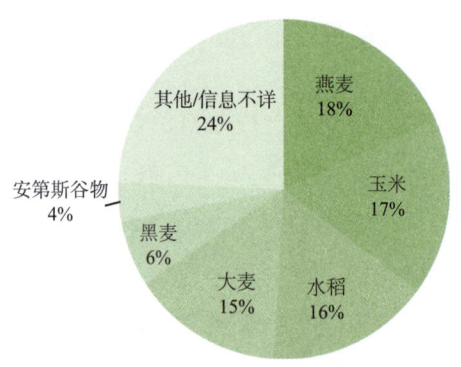

图2-30　2016年不同种类有机谷物所占比例

数据来源：2018年FiBL调查

根据联合国粮农组织提供的数据，全球主要谷物生产国是印度（9 850万公顷）、中国（9 630万公顷）、美国（5 850万公顷）和俄罗斯（4 440万公顷）。在这4个国家中，除了印度，其他国家的有机谷物的种植面积数据均可获得，另外俄罗斯的数据有部分缺失。中国（超过81.1万公顷）、意大利（近30万公顷）和美国（超过28.1万公顷）是最大有机谷物生产国家（图2-31）。中国有机谷物的种植面积占国内谷物种植总面积的0.8%；意大利的有机谷物则占到了9.2%；是比重最大的国家之一。

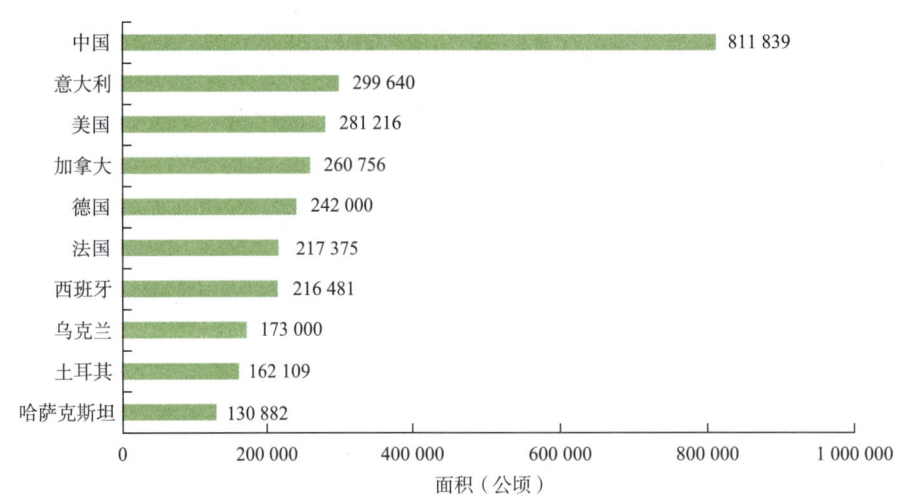

图2-31　有机谷物种植面积位列前十位的国家/地区

数据来源：2018年FiBL调查

一些国家有机谷物的种植面积比例远高于世界平均水平（0.6%）。奥地利（13%）、瑞典（10.5%）、爱沙尼亚（9.8%）、意大利（9.2%）和立陶宛（7.6%）均远超世界平均水平。

鉴于一些谷物主要生产国（如印度和俄罗斯）很少或未提供耕地使用和作物细节信息，因此可以假定世界有机谷物的生产面积要高于本书所示。

世界有机谷物的种植面积从2004年（约130万公顷）到2015年增加了两倍多。仅在2016年，面积就增加了20万公顷（增长了5%）。

现有数据表明，2016年至少有20%的有机谷物的农田处于转换期（超过80万公顷）。这预示着，在不久的将来，有机谷物的供应将显著增加。

2.2.6.2 柑橘类水果

2016年全球近9.07万公顷的柑橘类水果为有机种植（图2-32），占到全球柑橘类水果种植面积940万公顷（来源：联合国粮食及农业组织数据库）的1%。鉴于一些柑橘类水果的主要生产国——印度（90万公顷）和巴西（80万公顷）未提供有机柑橘类水果面积的详细信息，因此可以假定实际有机柑橘类生产面积比本书中的要大。

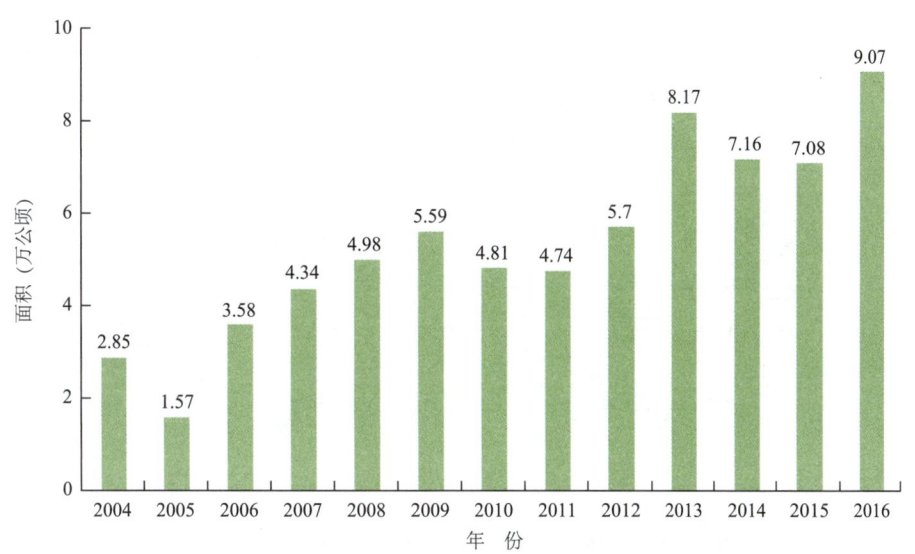

图2-32 2004—2016年有机柑橘类水果种植面积发展情况

数据来源：2006—2018年FiBL-IFOAM-SOEL调查

世界最大的有机柑橘类水果生产国是意大利，种植面积超过3.6万公顷，占意大利柑橘类水果总面积的24.6%；其次是中国（1.44万公顷，占比0.6%）、墨西哥（近1.3万公顷，占比2.2%）和西班牙（超过1.0万公顷，占比2.8%）（图2-33）。2004年，有机柑橘类水果种植面积为2.85万公顷，如今已经实现了两倍多的增长。

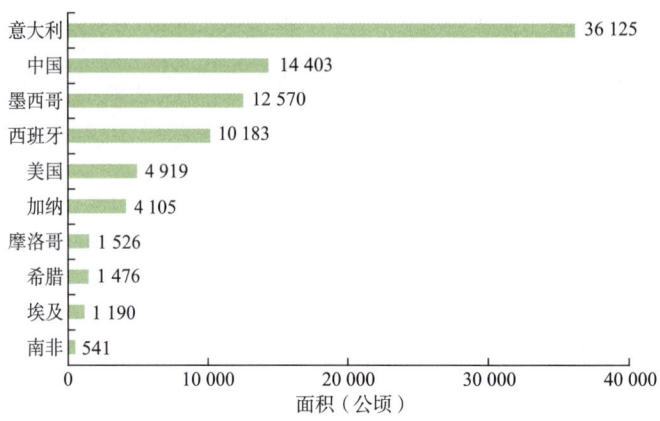

图2-33 有机柑橘类水果种植面积位列前十位的国家/地区

数据来源：2018年FiBL调查

2016年，有机柑橘类水果在经历2013年到2015年的下降后上涨28%。布吉纳法索的有机柑橘类水果种植面积占比最高，为33.5%；其次是意大利和加纳（16.4%）。

有机柑橘类水果面积包括甜橙（近40%）、柠檬和青柠（16%）、葡萄柚和柚子（13%）、橘子（4%）；28%的有机柑橘面积没有任何作物细节（图2-34）。

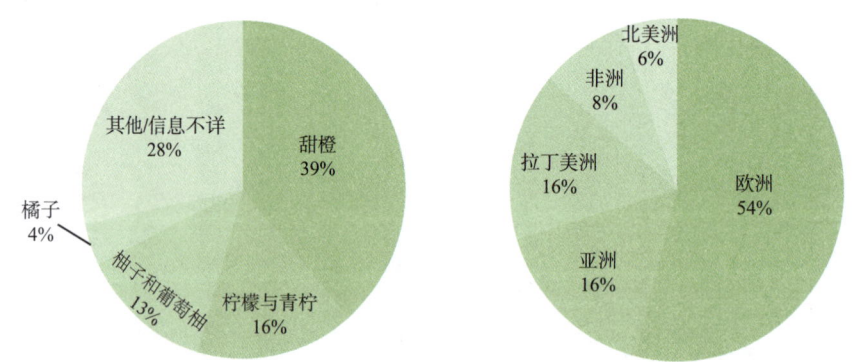

图2-34 2016年有机柑橘类水果分类及地区分布状况

数据来源：2018年FiBL调查

2016年，至少有30%（超过2.8万公顷）的柑橘类种植土地处于有机转换期。

2013—2015年，由于柑橘黄龙病的传播（柑橘黄龙病主要通过携带病菌的柑橘木虱进行传播），有机柑橘类水果的种植面积下降13%。在拉丁美洲及美国，黄龙病导致了严重的损失。在古巴，大部分柑橘感染黄龙病并导致了大幅度的减产。一些加勒比海国家已经决定放弃柑橘类水果的有机种植，重新转变为通过化学农药控制病虫害的常规农业。目前非洲柑橘木虱正在葡萄牙（里斯本地区）和西班牙（加利西亚）传播，估计很快会传播到整个伊比利亚半岛。自2011年起，FiBL在墨西哥（有机柑橘类的一个主要生产国）就开始探索一种通过控制病源和调节黄龙病的综合的有机治理策略。

2.2.6.3 可可豆

2016年，全球有机可可的种植面积近34.5万公顷（图2-35），占可可种植总面积的3.4%（根据联合国粮食及农业组织统计，2016年全球可可种植面积为1 000万公顷）。

世界主要的可可生产国有科特迪瓦（280万公顷）、印度尼西亚（170万公顷）、加纳（170万公顷）和尼日利亚（80万公顷）。最大的有机可可生产国是多米尼加（15.92万公顷）、刚果（金）（3.70万公顷）和坦桑尼亚（2.90万公顷）（图2-36）。世界近70%的有机可可种植区位于拉丁美洲，而30%以上位于非洲。

参考联合国粮食及农业组织的可可面积数据，一些国家有机可可占比非常高，这可能是因为联合国粮食及农业组织的数据部分有缺失。自2004年以来，有机可可豆的种植面积增长了近6倍，其增长速度大于大多数其他作物或作物群。但其中一部分的增长应归因于对数据获取的持续改善。2016年，有机可可种植面积比2015年约增加2.7万公顷，增长了8.5%。处于转换期的可可超过2.6万公顷，占有机可可种植面积近8%。因此，在不久的将来，有机可可豆的供应会略有增加。

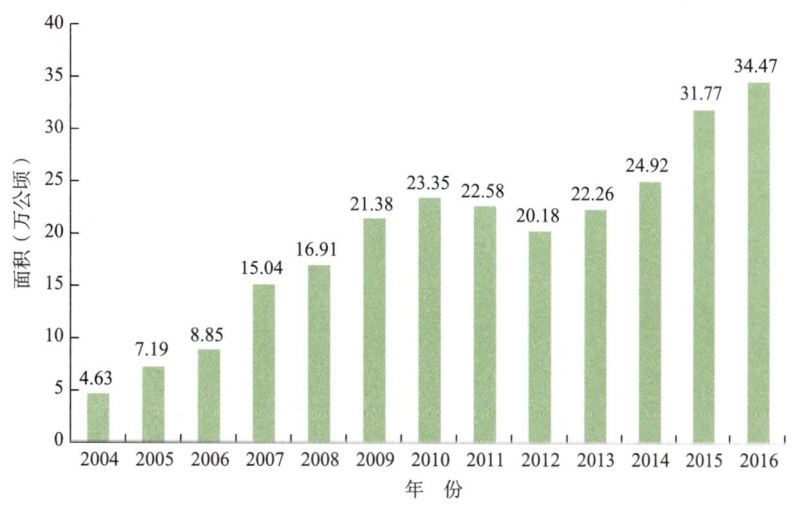

图2-35　2004—2016年有机可可豆种植面积发展情况

数据来源：2006—2018年FiBL-IFOAM-SOEL调查

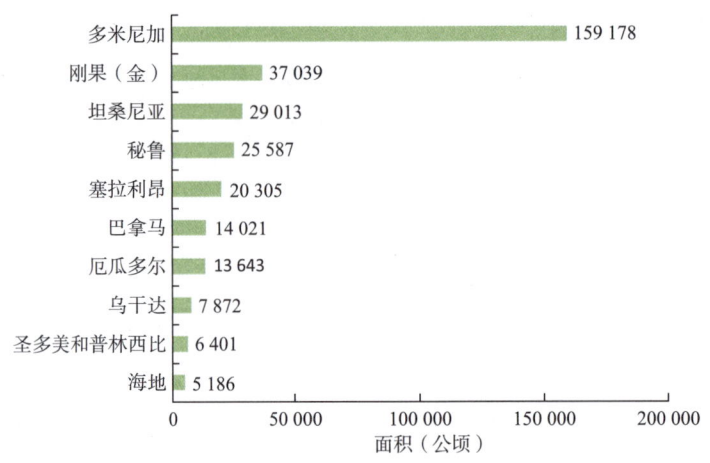

图2-36 有机可可豆种植面积位列前十位的国家/地区

数据来源：2018年FiBL调查

2.2.6.4 咖 啡

2016年全球有机咖啡的种植面积将近93.4万公顷（图2-37），占咖啡种植总面积的8.5%（2016年全球咖啡种植面积为1 100万公顷；数据来源：联合国粮食及农业组织数据库）。

咖啡的主要生产国有巴西（200万公顷）、印度尼西亚（120万公顷）、科特迪瓦（100万公顷）、哥伦比亚（90万公顷）、埃塞俄比亚（70万公顷）。除了巴西以外，以上其他国家的有机咖啡生产均有数据资料。世界略高于45%的有机咖啡种植区域位于拉丁美洲，而41%位于非洲。

最大的有机咖啡生产国有墨西哥（23.1万公顷）、埃塞俄比亚（16.1万公顷）和秘鲁（11.0万公顷）（图2-38）。东帝汶有机咖啡种植面积占比最高（近53%），接下来是玻利维亚（48%）、坦桑尼亚（42%）和刚果（金）（近48%）。

自2004年至今，有机咖啡种植面积已经实现了4倍以上的增长。与2015年相比，2016年有机咖啡种植面积增长了3%（超过3万公顷）。

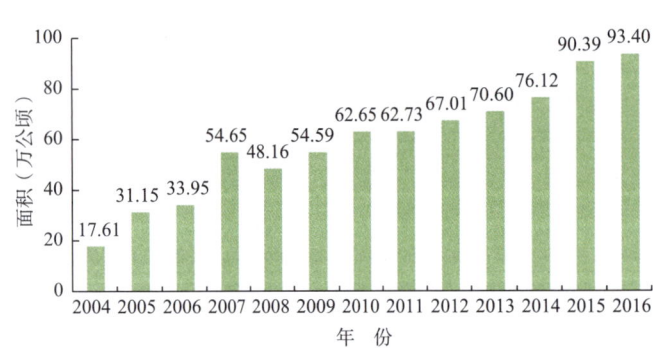

图2-37 2004—2016年有机咖啡种植面积发展情况

数据来源：2006—2018年 FiBL-IFOAM-SOEL调查

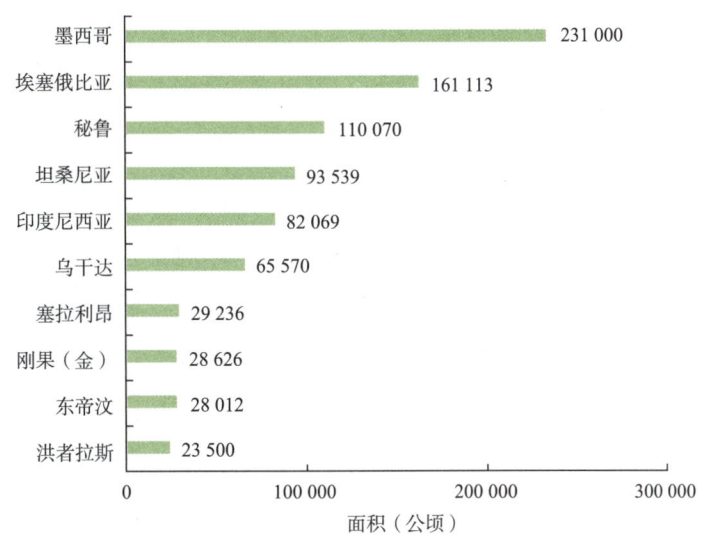

图2-38　有机咖啡种植面积位列前十位的国家/地区

数据来源：2018年FiBL调查

2.2.6.5　干豆类

有机干豆类种植面积近53万公顷（图2-39），占全球干豆类种植总面积的0.6%（2016年将近8 240万公顷；数据来源：联合国粮食及农业组织数据库）。

目前世界上3个最重要的干豆类种植国家：印度、尼日尔和缅甸，这3个国家没有关于有机面积的现有数据。印度（2 600万公顷）作为迄今为止最大的干豆类种植国家，占全球种植面积的32%以上。

拥有最大有机干豆类面积的国家有法国（近8.6万公顷）、加拿大（近5.7万公顷）、波兰（近5.6万公顷）、意大利（近4.4万公顷）、德国（3.9万公顷）和西班牙（3.8万公顷）。总的来说，干豆类尤其是在欧洲的有机农业中发挥着重要作用，其有机份额较高。

自2004年以来，干豆类面积从7.9万公顷增加到了53万公顷，增长了5倍。然而，部分原因可能是作物数据的持续改善。2016年，干豆类种植面积比2015年增加了超过8.7万公顷，增长了近20%。许多国家没有按产量细分的情况，例如，欧盟统计局公布的"干豆类"只有一个数字且没有进行分类。

数据显示，至少有20%的干豆类种植农地处于转换期，并且将在未来几年内完全转换，不久的将来有机干豆类的供应会增加。

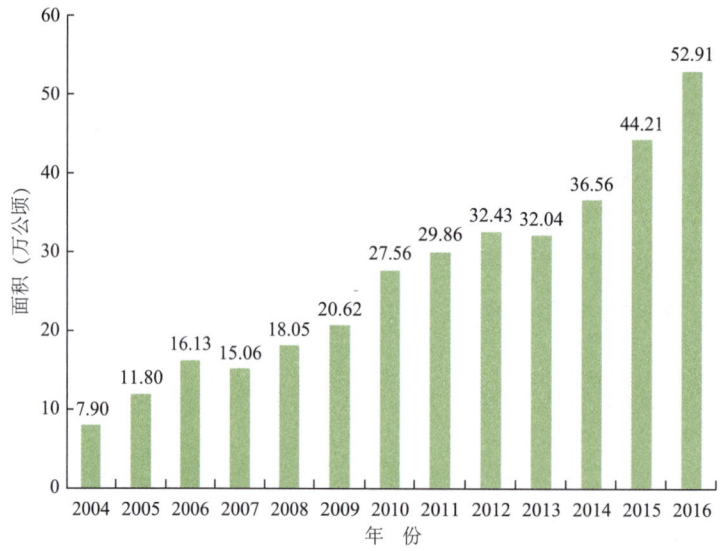

图2-39 2004—2016年全球干豆类有机种植面积发展情况

数据来源：2006—2018年FiBL-IFOAM-SOEL调查

2.2.6.6 温带水果

有机温带水果生产总面积（近25.50万公顷）占世界温带水果总面积的2%（2016年为1 260万公顷；数据来源：联合国粮食及农业组织数据库）。

在世界上7个最重要的温带水果种植国家（中国、土耳其、伊朗、印度、俄罗斯、美国和乌兹别克斯坦）中，5个国家（中国、土耳其、伊朗、俄罗斯和美国）提供了2016年有机温带水果面积数据。因此可以假定有机温带水果面积实际上会更高。

拥有最多有机温带水果种植面积的国家有中国（近9.8万公顷）、意大利（2.24万公顷）、波兰（近1.9万公顷）、土耳其（1.6万公顷）、法国（近1.4万公顷）和美国（近1.2万公顷）。

自2004年第一次收集土地利用和作物数据后，温带水果面积到2016年几乎增加了两倍（图2-40）。但是，一些增加可归因于不断改进的作物数据可用性。2016年全球有机温带水果面积减少超过8 000公顷，主要源于中国种植面积的下降。

主要温带水果有苹果（占温带水果面积的1/3），其次是杏、樱桃、桃、李子和梨（图2-41）。波兰的有机苹果面积占世界有机苹果总面积的1/3。数据表明，有超过30%的温带水果种植农地处于转换期。因此，不久的将来，有机温带水果的供应将大量增加。

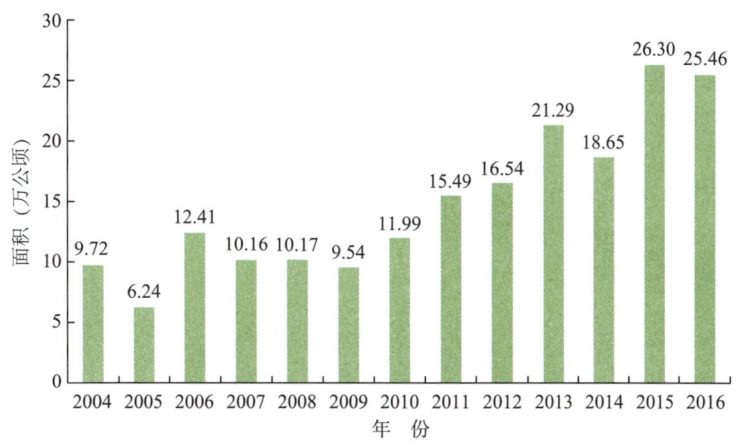

图2-40 2004—2016年全球温带水果有机种植面积发展情况

数据来源：2006—2018年FiBL-IFOAM-SOEL调查

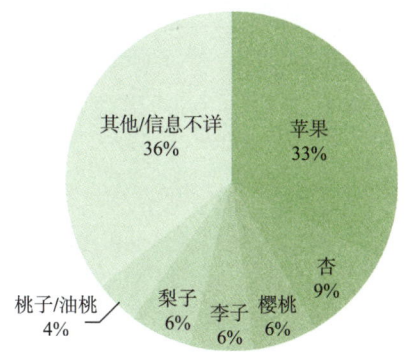

图2-41 2016年全球温带水果有机种植面积发展情况

数据来源：2018年FiBL调查

2.2.6.7 热带及亚热带水果

有机热带和亚热带水果生产总面积（超过35.60万公顷）占全球热带和亚热带水果总采收面积的1.4%（2016年为2 480万公顷；数据来源：联合国粮食及农业组织数据库）。

印度、中国、菲律宾、巴西和泰国是5个最重要的热带和亚热带水果种植国家，各国种植面积均超过100万公顷。只有中国、菲律宾和泰国提供了2016年有机热带和亚热带水果的种植面积数据。

热带及亚热带有机水果种植面积最大的几个国家有墨西哥（近13.1万公顷）、中国（超过2.8万公顷）、多米尼加共和国（约2.6万公顷）和马达加斯加（1.9万公顷）。

其中一些国家有机热带和亚热带水果占比很高,超过其种植总面积的10%。例如,多米尼加的香蕉,墨西哥的芒果和鳄梨。其中热带和亚热带有机水果种植面积占比最大的国家有布基纳法索(46.8%)、纽埃(43.6%)、土耳其(28.6%)和多米尼加(24.6%)。按品种划分,主要热带和亚热带水果为鳄梨、香蕉和枣(图2-42)。

相比于2004年第一次收集土地利用和农作物数据时,热带有机水果种植面积到2016年增加了7倍(图2-43)。其中一些增加可归因于作物数据持续改善的可用性。与2015年相比,2016年有机种植面积下降主要是由萨摩亚、肯尼亚和马达加斯加的有机农地面积减少所引起。

现有数据表明,热带和亚热带水果总面积中至少有13%的土地处于转换期。因此,预计有机水果供应量在未来几年将有小幅度增长。

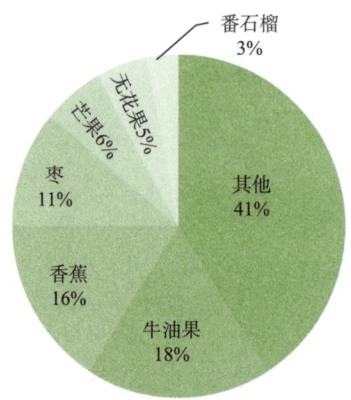

图2-42 2016年全球有机热带及亚热带水果面积分布情况

数据来源:2018年FiBL调查

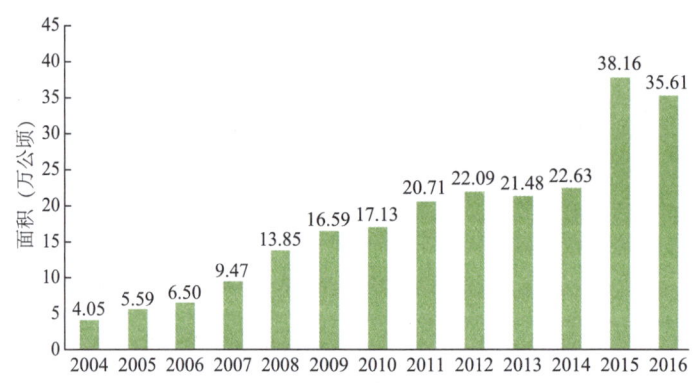

图2-43 2004—2016年有机热带及亚热带水果种植面积发展情况

数据来源:2006—2018年FiBL-IFOAM-SOEL调查

2.2.6.8 酿酒葡萄

有机葡萄的种植面积近38万公顷，占世界葡萄总采收面积的5.3%（2016年全球种植面积为710万公顷；数据来源：联合国粮食及农业组织数据库）。在欧洲，超过32.8万公顷（占葡萄面积的8.4%）的种植面积是有机的。有机种植区域并非都用于种植酿酒葡萄。葡萄和葡萄干的生产在土耳其等许多国家都很重要。世界上5个最重要的葡萄种植国（西班牙、中国、法国、意大利和土耳其）都提供了2016年有机葡萄生产面积的数据。

西班牙和意大利是世界有机葡萄种植面积最大的国家，有机葡萄种植面积都超过10万公顷；接下来是法国，超过7万公顷。这些国家有机葡萄的种植面积占葡萄总面积比例也非常高。近90%的世界有机葡萄种植面积位于欧洲，其余的几乎平均分布于亚洲、北美洲和拉丁美洲。

相比于2004年第一次收集土地利用和农作物数据，有机葡萄面积增加了3倍（图2-44）。其中一些增加可归因于作物数据持续改善的可用性。

现有数据表明，有机葡萄面积的很大一部分（至少28%）正处于转换期。因此，预计有机葡萄，特别是来自西班牙、意大利和法国的有机葡萄供应量将大幅增加。

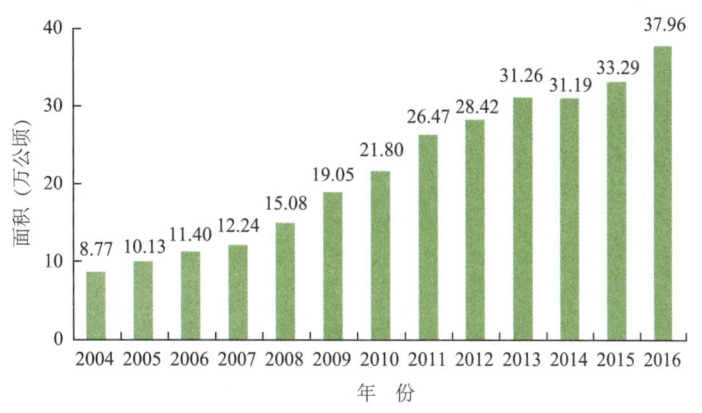

图2-44 2004—2016年全球酿酒葡萄种植面积发展情况

数据来源：2006—2018年FiBL-IFOAM-SOEL调查

2.2.6.9 油料作物

2016年，有机油料作物的种植面积将近130万公顷，占世界油料作物总采收面积的0.6%（总面积近2.3亿公顷；数据来源：联合国粮食及农业组织数据库）。

美国、巴西、印度、阿根廷和中国（每个国家的种植面积均超过2 000万公顷）是油料作物种植的主要国家，除巴西外，以上国家有机生产数据都可以获得。有机油料作物种植面积最大的国家有中国、印度、苏丹、美国和哈萨克斯坦。

有机油料作物种植面积占比最大的国家有多哥（27%，主要为大豆）、秘鲁（23%，主要为芝麻）和奥地利（近16%，主要为大豆）。

自2004年第一次收集土地利用和作物数据以来，油料作物面积（2004年近14.4万公顷）增加了8倍多（图2-45）。但是，其中一些增加可归因于作物数据持续改善的可用性。2016年，有机油料作物面积增加4%（近5.1万公顷）。超过40%的有机油料作物农地用于大豆种植，另有20%农地用于葵花籽和芝麻的种植（图2-46）。

数据显示，至少有19%的土地处于转换期，并将在未来几年内得到有机认证。在不久的将来，有机油料作物的供应会稍有增加。

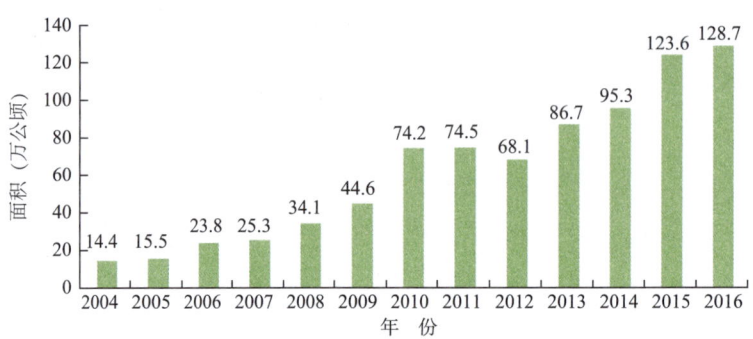

图2-45　2004—2016年油料作物种植面积发展情况

数据来源：2006—2018年FiBL-IFOAM-SOEL调查

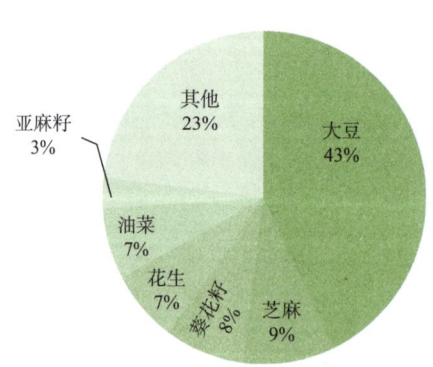

图2-46　2016年不同油料作物种植面积

数据来源：2018年FiBL调查

2.2.6.10　橄榄

2016年有机橄榄种植面积近74.8万公顷，占世界橄榄种植总面积（1 070万公顷；

数据来源：联合国粮食及农业组织数据库）的7%。

生产橄榄的国家主要分布在地中海周边，西班牙是最大的橄榄种植国，种植面积为260万公顷，接下来是突尼斯（160万公顷）和意大利（120万公顷）。希腊和摩洛哥也是重要的橄榄生产国。这些国家有机橄榄种植的数据都可以获得。

意大利有机橄榄种植面积最大（超过22.2万公顷），西班牙（近19.8万公顷）和突尼斯（近13.8万公顷）位于第二、第三位。世界上近80%有机橄榄种植于欧洲，其次是北非，占世界有机橄榄总面积的20%。意大利有机橄榄占总橄榄的面积比例相对较高（超过19%）（图2-47）。

西班牙的橄榄种植面积中近8%的土地进行有机生产，突尼斯的有机橄榄面积占比为8.4%。法国的有机橄榄面积占比最高，约为27.6%。自2004年第一次收集土地利用和作物数据以来，橄榄面积增加了一倍多（图2-48）。现有数据表明，24%橄榄种植农地正处于转换期。因此，预计有机橄榄供应量将在未来会有一定增长。

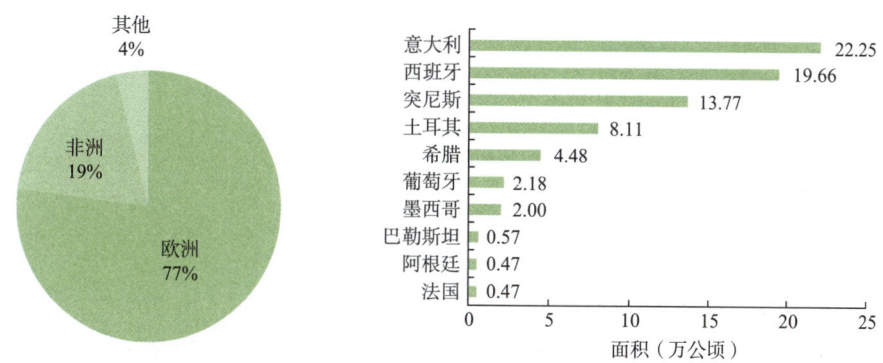

图2-47　有机橄榄分布及种植面积位列前十位的国家/地区

数据来源：2018年FiBL调查

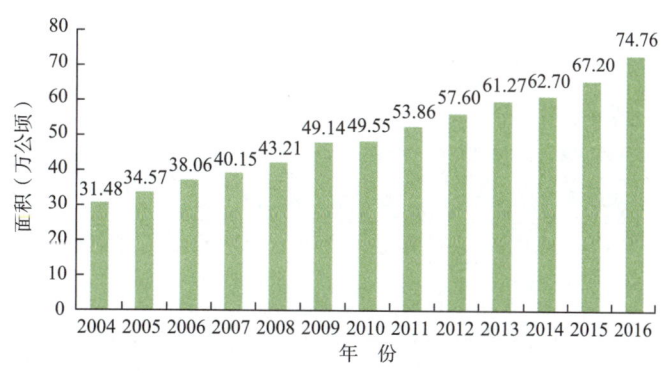

图2-48　2004—2016年有机橄榄种植面积发展情况

数据来源：2006—2018年FiBL-IFOAM-SOEL调查

2.2.6.11 蔬菜

有机蔬菜生产总面积（超过43.7万公顷）占世界蔬菜种植总面积的0.7%（2016年为6 200万公顷；数据来源：联合国粮食及农业组织数据库）。

全球主要的四大蔬菜生产国（中国、印度、尼日利亚和越南）中，只有中国和土耳其的有机蔬菜数据是能够获得的。

有机蔬菜种植面积最大的几个国家有墨西哥、美国、中国、波兰和埃及（均超过2万公顷）（图2-49）。有机蔬菜种植面积比例最高的几个国家是丹麦、奥地利、加拿大、瑞士和墨西哥。除墨西哥和加拿大外，其他几个国家也是欧洲有机食品市场份额最高的几个国家。此外，瑞典和保加利亚的有机蔬菜种植面积占比也较高。

自2004年有机土地利用和农作物种植有数据统计以来，蔬菜种植面积从10.5万公顷到现在的43.7万公顷，增加了3倍多（图2-50）。2016年的面积的增长主要是由墨西哥蔬菜种植面积的大幅增加引起。

很大一部分有机蔬菜生产面积（12万公顷）用于果菜种植，其次是叶菜和根茎类蔬菜（沙拉菜）。然而，大多数国家的蔬菜具体类别的种植数据无法获得。

根据已经完成有机转换和处于转换期的蔬菜种植面积的现有数据表明，至少5万公顷的蔬菜种植农地正处于转换期。因此，可以得出结论，预计有机蔬菜供应不会有大幅度的增加。

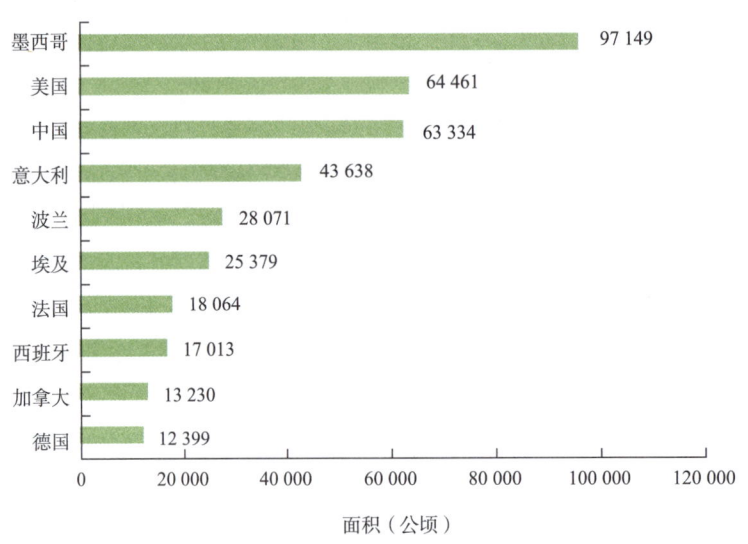

图2-49 有机蔬菜种植面积位列前十位的国家/地区

数据来源：2018年FiBL调查

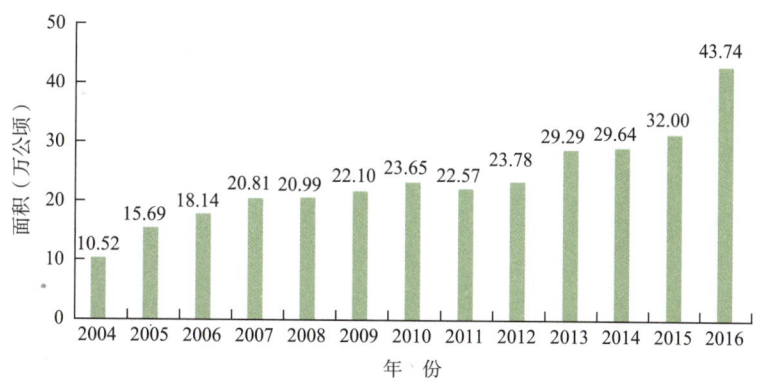

图2-50 2004—2016年有机蔬菜种植面积发展情况

数据来源：2006—2018年FiBL-IFOAM-SOEL调查

参考文献

Bergleiter S.，Berner N.，Censkowsky U.，Julià-Camprodon G. 2009. Organic aquaculture 2009 production and markets［M/OL］// Food and Agriculture Organization of the United Nations（FAO）（2010）：Organic aquaculture：The future of expanding niche markets. Munich，Organic Services GmbH and Gräfelfing，Naturland e.V. http：//www.fao.org/docrep/015/i2734e/i2734e04c.pdf.

Potts Jason，Wilkings Ann，Lynch Matthew，McFatridge Scott ，et al. 2016. State of Sustainability Initiatives Review：Standards and The Blue Economy[R/OL]. International Institute for Sustainable Development，Manitoba，Canada. http：//www.iisd.org/ssi/standards-and-the-blue-economy/.

更多资料可参考以下文献

Granatstein，David，Elizabeth Kirby，Harold Ostenson，Helga Willer. 2015. Global situation for organic tree fruits. Scientia Horticulturae. Available online 18 December 2015 doi：10.1016/j.scienta.2015.12.008

3 全球有机食品（含饮品）市场[①]

2016年全球有机食品（含饮品）市场增长约10%，达到897亿美元。2016年所有地区都呈现良好的增长，而北美洲和欧洲依然是增长的双引擎；这两个地区贡献了大约90%的全球销售额。在美国和德国两大主要市场，有机食品的市场份额均已达到5%。除了欧盟和北美洲，几乎所有国家的有机食品市场份额都低于1%。

3.1 北美洲有机食品市场

2016年北美的有机食品（含饮品）销售额为463亿美元。美国市场销售额为430亿美元，占据大部分北美销售额。

[①] 本章作者为Amarjit Sahota。本章为Ecovia Intelligence（曾用名Organic Monito）正在执行的研究项目"全球有机食品和饮料市场"中的内容。如需要在其他出版物中复制或使用本章的任何部分，必须经过Ecovia Intelligence 的书面同意。需要复制或使用本章中的内容，请将书面申请邮寄至如下地址：
Ecovia Intelligence
20B The Mall, London W5 2PJ
Tel.0044 20 8567 0788

美国是全球最大的有机产品市场。食品总量的市场份额也很高，占比5.3%。水果和蔬菜的市场份额最高，占生鲜销售额的近15%。牛奶和乳制品是第二大类产品。

为了缓解有机食品供不应求的局面，美国从各大洲进口有机食品。美国和很多国家/地区合作，如瑞士、加拿大、日本、韩国、中国台湾，通过有机贸易协议促进有机产品进口。

北美洲的有机食品在各大主流零售店都建立了渠道，大型零售商也贡献了更多的销售额。所有主要的大型连锁超市都开始销售自有品牌的有机食品。美国和加拿大最成功的有机食品品牌分别是西夫韦公司（Safeway）的O Organics和Loblaws公司的PC Organics。

资本继续注入有机食品行业。天然和有机食品零售商的领航者——全食超市，于2017年6月被亚马逊公司以137亿美元收购。在几个月内，随着在线零售商计划让美国消费者更容易接触有机食品，很多有机产品降价出售。2017年，法国跨国公司达能斥资125亿美元收购了北美洲最大的有机食品企业Whitewave Foods。

3.2　欧洲有机食品市场

2016年，欧洲有机产品市场销售额达350亿美元。一些国家，如法国和瑞典，呈现了两位数的增长率。

有机食品的销售集中在西欧。德国市场最大，销售额在104亿美元，法国是第二大市场（78亿美元），然后是意大利、英国、瑞士和瑞典市场。中欧和东欧（CEE）国家，如波兰、乌克兰和匈牙利正成为有机农作物的重要生产国。但是，这些国家的有机产品市场相对较小。

各国之间有机食品占比食品销售总额的市场份额差异很大。斯堪的纳维亚国家和阿尔卑斯山国家拥有有机食品的最高市场份额和最多消费者。丹麦有机产品占食品销售总额的近10%。在许多中东欧国家，市场份额低于1%。

正如在北美洲大部分有机食品销售额由主流零售商所贡献，所有领先超市都开始提供自有品牌有机食品一样，在德国（欧洲拥有最大有机市场的国家），超市、药店、折扣店和有机食品专卖店都发展了自己品牌的有机产品。

大型有机食品商店网络体现了欧洲市场的特征。大多数连锁网点位于德国、法国和意大利。有机食品公司Dennree在德国和奥地利经营超过250家Denn's有机超市。

Biocoop连锁店在法国拥有超过430家有机食品商店，而CuoreBio在意大利有超过200家商店。

3.3 其他地区有机食品市场

2016年，亚洲、澳大拉西亚（泛指大洋洲和太平洋岛屿）和其他地区的有机食品销售额约为81亿美元。

亚洲有机产品市场规模庞大且不断扩大。大部分有机产业的发展发生在中国和印度，而消费主要还是来自日本和韩国。中国和印度的有机食品销售持续增长，部分原因是消费者日益增多促进了有机产品的需求。而接二连三的亚洲食品安全事件对有机食品的销售影响很大。由于中国消费者越来越重视食品安全，中国市场呈现加速增长。

巴西是拉丁美洲有机产品市场最大的国家。由于政治和经济危机，近年来巴西市场增长缓慢。其他拉丁美洲国家，如阿根廷、秘鲁、智利和哥伦比亚，主要为大规模的以出口为主的有机食品生产市场。

澳大利亚有机产品市场规模庞大且不断增长。超市和主要食品零售商的有机食品分销不断增长。澳大利亚和新西兰的生产者重点关注出口市场，尤其是亚洲国家的市场。

3.4 有机产品的消费者

大量课题研究了消费者购买有机食品的行为。消费者购买有机食品背后的主要因素是健康、环境，以及食品安全与质量。

在大多数国家中，追求健康是有机产品主要购买动机。接触过量农药与许多疾病的产生有关，不仅会影响生殖和神经系统，而且也会导致癌症。牲畜产品中过量使用抗生素和生长激素也会造成各类健康问题。Hartman集团的一项研究表明，美国有68%的人认为有机食品与不含农药有关，而64%的人认为没有除草剂，63%的人认为有机食品没有生长激素。

对转基因生物（GMOs）的担忧是北美洲人购买有机食品的主要影响因素。非转基因生物项目是北美发展最快的生态标签项目，目前产品约43 000种，零售额达223亿美元。

对于很多消费者来说，环保是购买有机食品的重要原因之一。Statista的一项研究发现，大多数德国消费者购买有机食品是因为他们认为有机农业对环境的污染较小。

AgenceBio的另一项研究显示，58%的法国消费者购买有机产品也是因为有机农业对环境的影响较小。

在一些国家，食品安全和质量是购买有机食品的重要动机。诸如禽流感之类的和健康相关的恐慌事件也使消费者更加关注健康和营养问题。

尽管购买有机食品的实际动机各不相同，但是全球开始有越来越多的消费者选择有机食品。有机食品消费者通常居住在大城市，拥有较高的可支配收入，并且对食品有鉴别能力。大多数消费者是女性或年轻父母。

3.5 挑战与发展前景

20年来，有机食品和饮品的销售额从不到150亿美元增长到近900亿美元（图3-1）。虽然有机行业呈持续稳步发展态势，但该行业同时也存在挑战。

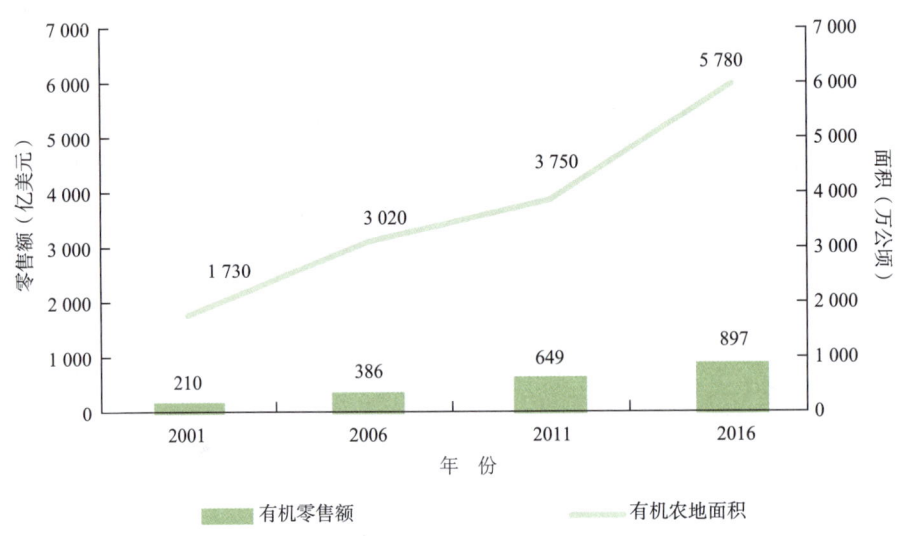

图3-1 2000—2016年全球有机农地和市场发展

注：所有数据均四舍五入保留整数
数据来源：Ecovia Intelligence

需求集中是第一个挑战。虽然全球有近180个国家参与种植和生产有机作物，但是约90%的有机食品和饮品销售额来自北美洲和欧洲。非洲、亚洲和拉丁美洲的许多地区，有机食品只为出口而生产。即使在澳大利亚和新西兰，许多有机食品生产商也以出口为导向。为了让有机行业可持续发展，需要更多区域性（如果不是食在当地）市场的消费。

另一个挑战是标准，其数量在有机食品行业中不断增加。虽然欧洲和北美洲（美国和加拿大）已经签署了贸易协议/等效协议，但这两个"贸易集团"之外的生产商必须获取多种认证才能进入出口市场。例如，印度尼西亚的有机咖啡生产商将不得不采用欧盟标准、美国农业部NOP和日本JAS标准分别进入欧洲、美国和日本的市场。这一趋势在亚洲最为明显，几乎所有国家都在制定各自的国家标准/规定，但标准之间没有统一。

欧洲和北美洲的各种研究表明，小部分消费者购买了大多数的有机食品。Agence Bio所做的研究表明，尽管89%的法国消费者都会购买有机食品，但实际只有37%的消费者有定期购买的习惯（每周或每日），大多数有机食品是不定期购买的。只有定期购买有机产品的消费者增多，有机食品市场才会成为主流市场。

另外，对供应的担忧也在增加。过去20年中，有机食品的销售额呈指数增长，但仍供不应求。2001—2016年，全球有机农田的面积从1 730万公顷增加到5 780万公顷；上涨超过200%。在过去的15年中，全球有机食品（含饮品）的销售额增长了约330%。北美地区的差异最为显著，15年来有机农田的数量仅从150万公顷增加到300万公顷。相比之下，有机食品（含饮品）的销售额已从105亿美元增加到463亿美元，增长了超过4倍。随着欧洲和北美洲部分地区有机农田增长放缓，有供应短缺的担忧。

未来几年，对有机产品的需求预计会持续增长。在过去10年中，中国、印度和巴西等国家对有机产品的需求飞速增长。正如生产已经全球化一样，需求也正在变得国际化。供应能否跟上需求是一个现实存在的问题。

4 标准、法规和政策

4.1 标准与法规[①]

经过3年以上激烈有争议的讨论后,欧洲理事会和欧洲议会就新的有机法规达成了一致意见。在几次最终的正式的修订过后,新法规将于2018年4月或5月正式通过。在接下来的两年内,将对实施条款进行讨论并达成一致。此新法规将于2021年1月1日起执行。新法规重大变革涉及现有互认原则的进口法规将被严格遵守法规(By Compliance)替代。与美国相似,进口到欧盟的产品必须符合欧盟的相关规定。互认原则将只在双边协议或者其他现行协议(如欧盟、美国、加拿大间的协议)范围内被认可。在未来5年的时间内,欧盟会和其合作伙伴协商此类互惠协议。

在美国,其有机牲畜和禽类生产规范的修订已经放缓。2017年年底,美国农业部(USDA)宣布其撤回有机牲畜和禽类生产规范(OLPP)的意向。美国农业部指出,提议的OLPP最终规定会超出美国农业部关于有机食品生产法规定的法定权利。美国农

---

① 本节作者为Beate Huber和Otto Schmid

业部继续加强其保持有机完整性的措施，并且发布"关于维护有机进口完整性的临时指示"。

4.1.1 全球有机立法现状

瑞士有机农业研究所（FiBL）对于有机法规的调查表明，2017年全球已有87个国家制定了有机标准，另外有18个国家正在起草相关法案。世界法规方面的数据来源于各地的政府部门与专家。法规类别定义为"不完全实施"和"全面实施"的依据为受访人员的反馈意见，但是这些信息没有经过验证。我们收到了大多数国家政府部门和专家的反馈，并假设未进行回应的国家仍未进行有机生产立法。应当指出的是名单中的很多国家有相关的法规，但是没有实施，因此，标注为"未完全施行"而近期通过法规的国家，仍在进行最终实施程序的确认，而有些国家已经立法但是没有提供实施必需的资源。

表4-1列出了具有有机农业法规的国家清单。表4-2列出了正在起草有机法规的国家清单。一些国家没有进行有机农业立法，但有相关的国家生产标准。这些标准提供了该国家对有机产品的定义，也为认证机构提供参考依据。这些标准不会完全成为由政府监督的国家层面的检验和认证制度。表4-3列出了至少33个国家（主要为亚洲和非洲国家）已经建立了国家级的有机农业标准。在有机贸易协会（OTA）网站（http://www.globalorganictrade.com/country_list.php.）可查询有机法规清单。

基于与"有机标准共同目标和要求"（COROS，www.ifoam.org/en/coros）的等效协议，在表4-1至表4-3中，带*的国家为已具有由IFOAM国际有机联盟正式认可的官方有机标准。民间标准和官方标准均可以被IFOAM国际有机联盟"有机标准家族"接受。

表4-1 具有有机农业法规的国家

区域	国家/地区	法规状态
欧盟地区（28个国家）	奥地利*	全面实施
	比利时*	全面实施
	保加利亚*	全面实施
	克罗地亚*	全面实施

（续表）

区　域	国家/地区	法规状态
欧盟地区（28个国家）	塞浦路斯*	全面实施
	捷克共和国*	全面实施
	丹麦*	全面实施
	爱沙尼亚*	全面实施
	芬兰*	全面实施
	法国*	全面实施
	德国*	全面实施
	希腊	全面实施
	匈牙利*	全面实施
	爱尔兰*	全面实施
	意大利*	全面实施
	拉脱维亚*	全面实施
	立陶宛*	全面实施
	卢森堡*	全面实施
	马耳他*	全面实施
	波兰*	全面实施
	葡萄牙*	全面实施
	罗马尼亚*	全面实施
	斯洛伐克共和国*	全面实施
	斯洛文尼亚*	全面实施
	西班牙*	全面实施
	瑞典*	全面实施
	荷兰*	全面实施
	英国*	全面实施
欧洲的非欧盟地区（11个国家）	阿尔巴尼亚	全面实施
	爱尔兰	全面实施
	科索沃	未全面实施

（续表）

区　域	国家/地区	法规状态
欧洲的非欧盟地区（11个国家）	马其顿	全面实施
	摩尔多瓦	全面实施
	黑山	全面实施
	挪威	全面实施
	塞尔维亚	全面实施
	瑞士*	全面实施
	土耳其*	全面实施
	乌克兰	未全面实施
亚太地区（25个国家）	亚美尼亚	全面实施
	澳大利亚*	全面实施
	阿塞拜疆	未全面实施
	中国*	全面实施
	法属波利尼西亚	全面实施
	格鲁吉亚	全面实施
	印度*	全面实施
	印度尼西亚	全面实施
	伊朗	全面实施
	以色列*	全面实施
	日本*	全面实施
	约旦	未全面实施
	哈萨克斯坦	未全面实施
	韩国*	全面实施
	黎巴嫩	全面实施
	马来西亚	全面实施
	新喀里多尼亚	全面实施
	新西兰*	全面实施
	菲律宾	未全面实施

（续表）

区　域	国家/地区	法规状态
亚太地区（25个国家）	沙特阿拉伯*	全面实施
	所罗门群岛	全面实施
	中国台湾	全面实施
	塔吉克斯坦	全面实施
	泰国	全面实施
	阿拉伯联合酋长国	全面实施
美洲与加勒比海地区（21个国家）	阿根廷*	全面实施
	玻利维亚	全面实施
	巴西	全面实施
	加拿大*	全面实施
	智利	全面实施
	哥伦比亚	全面实施
	哥斯达黎加*	全面实施
	古巴	未全面实施
	多米尼加共和国	全面实施
	厄瓜多尔	全面实施
	萨尔瓦多	未全面实施
	危地马拉	全面实施
	洪都拉斯	全面实施
	墨西哥	全面实施
	尼加拉瓜	全面实施
	巴拿马	全面实施
	巴拉圭	全面实施
	秘鲁	全面实施
	乌拉圭	全面实施
	美国*	全面实施
	委内瑞拉	未全面实施

（续表）

区域	国家/地区	法规状态
非洲地区（2个国家）	摩洛哥	未全面实施
	突尼斯*	全面实施

注：*标志该国家/地区的标准已被IFOAM国际有机联盟认可

数据来源：瑞士有机农业研究所（FiBL）的Verena Batlogg 和Beate Huber 2018年1月的调查

表4-2　正在起草有机法规的国家

区域	国家/地区
欧洲（3个国家）	白俄罗斯*
	波黑*
	俄罗斯*
亚洲和太平洋地区（6个国家）	孟加拉国*
	不丹
	约旦
	吉尔吉斯斯坦
	尼泊尔
	巴基斯坦
美洲和加勒比地区（2个国家）	牙买加
	圣卢西亚
非洲（7个国家）	阿尔及利亚
	布隆迪
	埃及
	肯尼亚
	南非
	苏丹
	乌干达

注：*标志该国家/地区的标准已被IFOAM国际有机联盟认可

数据来源：瑞士有机农业研究所（FiBL）的Verena Batlogg和Beate Huber 2018年1月的调查

表4-3 2017年有国家有机标准但没有立法的国家

区　域	国家/地区
亚洲和太平洋地区（22个国家）	巴林岛*
	不丹*
	文莱达鲁萨兰国*
	斐济
	香港*
	基里巴斯（密克罗尼西亚群岛）
	科威特*
	吉尔吉斯斯坦
	老挝*
	马绍尔（密克罗尼西亚群岛）
	密克罗尼西亚
	瑙鲁（密克罗尼西亚群岛）
	尼泊尔
	阿曼*
	帕劳（密克罗尼西亚群岛）
	巴布亚新几内亚
	卡塔尔*
	萨摩亚
	汤加
	图瓦卢
	瓦努阿图（美拉尼西亚群岛）
	越南*
非洲（11个国家）	布基纳法索*
	布鲁迪*
	埃及*
	加纳*

（续表）

区 域	国家/地区
非洲（11个国家）	肯尼亚*
	卢旺达*
	南非*
	坦桑尼亚*
	乌干达*
	赞比亚*
	津巴布韦*

注：*标志该国家/地区的标准已被IFOAM国际有机联盟认可
数据来源：瑞士有机农业研究所（FiBL）的Verena Batlogg和Beate Huber 2018年1月的调查

4.1.2 《国际食品法典应用指南》的最新进展

除了民间机构，如IFOAM国际有机联盟和国家权威机关外，联合国粮食农业及粮食组织（FAO）、世界卫生组织（WHO）、联合国贸易暨发展会议（UNCTAD）等联合国组织也同样需要明确统一的规则。国际食品法典委员会于1999年6月通过了"种植业指南"，于2001年7月通过了"畜牧生产指南"，同时向正在发展有机食品国家规范的政府提供指导。《国际食品法典应用指南》的最新修订于2013年完成。

《国际食品法典应用指南》的附件自2005年以来一直在修订，其明确规定了有机食品和有机农业体系中可以使用的物质，重点关注食品加工中可用的原料和新物质使用的条件。国际食品法典委员会采纳了2009年7月食品标签法典委员会提出的对附件列表的修订方案。经讨论，其他物质如亚硝酸盐、硝酸盐、肉品加工中使用的抗坏血酸和食品添加剂磷酸盐，不能在有机食品中使用。2010年又进行了修订，增加了限制使用鱼藤酮防治害虫的条件——使用时应该防止其流入水体。

2011年，食品标签法典委员会同意（由欧盟提议）将多杀菌素、酮锌酸酯、硫酸氢钾和乙烯用于柑橘类植物脱绿以防治果蝇及用于菠萝诱导成花。2012年5月，委员会明确"只有在采取措施使非目标物种的风险最小化和抗性产生风险最小化时，才能使用多杀菌素"。用于脱绿柑橘类植物预防果蝇及用于菠萝以诱导成花的磷酸氢钾、铜锌酸酯（和其他同等功效的含铜物质）和乙烯列在了《有机食品法典应用指南》附件2的清单中。2012年，食品标签法典委员会决定，利用两年时间修订规则和物质清单。此外，

2011年有机水产养殖和海藻生产作为有机新领域获得批准。但是，经过几次文件起草会议的讨论，2016年食品标签法典委员会提出停止制定"水产养殖指南"或者由一个不同的附属机构来继续开展这项工作。对于比较有争议的问题，如幼体的使用、是否使用再循环或密封系统、养殖技术、供养来源、不允许使用还是限制使用激素和转换期等都没有得出结论。因此法典没有再进行有关水产方面的法规修订。2017年10月，食品标签法典委员会的会议议程中，并没有有机指南方面的内容。2017年11月，IFOAM国际有机联盟通过了一项关于有机水产养殖的动议，将和环境结合的循环系统包含在有机水产养殖当中，但需附加的限制条件。

4.1.3　主要经济体的进口要求

有机产品的主要进口市场是欧盟、美国、加拿大和日本，这些市场对有机产品的进口都有着严格的规定。在欧盟、美国、加拿大和日本，只有被相应的主管机关认可的认证机构认证的产品才能进口。只有满足进口国家的相关承诺或要求时，认证机构才能获得批准，有两个途径可达成这一目的：一是进出口国家签订双边协议，二是认证机构被进口国家直接认可。

4.1.3.1　进出口国家的双边协议

美国、欧盟和日本等大多数的进口国家都有认证等效协议（认可其他国家的管理体系和相关标准符合本国要求，这些国家的有机产品能够直接在本国出售）。双边协议主要基于政府间的政治协商和谈判，同时也会基于技术评估。

除了欧盟的畜产品和美国的苹果、梨需要进行额外的认证之外，美国和欧盟相互认可对方的管理体系和相关标准。关于酒类产品双方也有额外规定。此外，水产品还未包含在此协议中。

美国和加拿大于2009年签订了双方第一个双边协议。基于平等原则，由美国农业部批准的认证机构依据美国国家有机认证计划（NOP）认证的生产商和加工商，不需要通过加拿大有机产品（COPR）标准认证便可在加拿大认定为有机产品。同样，依据加拿大COPR标准认证的有机产品在美国同样可作为有机产品进行标识和销售。美国和日本、韩国、瑞士都有相关的双边协定，目前美国正在对墨西哥有机产品管理体系进行评估。2016年10月，美国农业部（USDA）和墨西哥达成了共识，要求两国有机食品贸易的进口贸易提供相关认证证书。USDA和墨西哥动植物健康、食品安全和质量国家服务中心（SENASICA）正在评估双方的有机认证系统，以决定是否可在美国和墨西哥两国之间建立等效协议。

加拿大已经和欧盟、哥斯达黎加、日本和瑞士签订了等效协议。

目前，有12个国家的标准被欧盟认可等效于欧盟标准（即第三国名单）。此外，2017年，欧盟和智利达成了贸易协定。随后，智利将会进入第三国名单中。

美国接受了几个其他国家政府的认可程序。根据美国有机项目计划（NOP），虽然没有美国农业部的直接认可，但是印度、以色列和新西兰按照美国要求认可的认证机构被美国农业部所接受。这仅限于认证过程，各认证机构必须还要满足NOP的相关要求。

4.1.3.2　进口国家认可的认证机构

美国、欧盟和日本针对境外认证机构有相关要求，其中技术要求很难达到，并且相关费用很高。持续认定和/或必要的认可需要认证机构投入大量的财力和人力。

只有经过欧盟委员会认可的检查机构或官方机构认证的产品才能进口到欧盟。根据欧盟1235/2008的规定，欧盟公布了认可的非欧盟国家的认证机构和官方机构名单。从2012年7月1日起，名单上机构认证的产品可以进口到欧盟。美国为认证机构提供许可。检查必须由经过NOP问卷相关培训的检查员进行，而且只接受美国农业部认可的机构颁发的证书。这和该机构是否在美国境内并不相关。目前大约有80家机构得到美国农业部相关授权可以依据美国农业部有机标准开展农场和贸易认证。这些机构大多数同样获得了世界上其他国家的认可。

4.2　2017年参与式保障体系（PGS）的趋势与最新进展[①]

参与式保障体系（PGS）是关注于当地的质量保障体系。PGS基于当地利益相关者的积极参与，来对生产农户进行评估，建立在信任、社会网络和知识共享的基础之上（IFOAM国际有机联盟，2008）。PGS作为发展当地有机产品市场，且尤其适用于小农户的一种有效工具，已成为替代第三方认证的一种低成本认证方式，PGS在全球各大洲日益受到人们的欢迎。IFOAM国际有机联盟是唯一收集PGS全球层面数据的组织。

---

①　本节作者为Flavia Moura E. Castro和Federica Varini

4.2.1　政府认可与支持

2004年，IFOAM国际有机联盟与拉丁美洲生态农业运动（MAELA）首次合作，组织了国际替代性认证研讨会，此时PGS还只是主要是由农民群体发展的自下而上的倡议，时常获得非政府组织的支持，但并没有政府涉入。因此这些替代认证策略强烈需要合法化与认可。但是在过去10年，出现了一种新的趋势，政府越来越热衷于担任支持、认可和调控PGS的角色。

PGS主要服务国内市场。但是也有一些例外的情况，存在出口PGS产品到有机市场仍未规范的国家的案例，但这些是极少数的。越来越多的国家将PGS纳入国内有机法规，作为对国内有机市场的保障体系。总体来讲，也就意味着第三方认证与PGS是同等的国内市场保障体系，但是出口商品仍需要第三方认证。

PGS发展的速度与动态，以及相应的政府认可度在不同的国家情况是不一样的。拉丁美洲政府是将PGS纳入有机政策的先驱。2007年，巴西成为第一个将PGS视为有机质量保障与第三方认证的地位等同的国家。哥斯达黎加（2008）、乌拉圭（2008）、巴拉圭（2008）、墨西哥（2010）、法属波利尼西亚（2011）、玻利维亚（2012）、新喀里多尼亚（2017）、智利（2017）和印度（2017）也紧接着采取了类似的措施。

近几年，印度和东南亚表现出PGS独特的发展势头。

过去6年来，印度在国内市场不断加强对PGS的支持，在印度农业部下属的国际有机农业中心的协调下，发展出了一种由政府推动的大型PGS项目的独特范例。除此之外，政府调拨相当可观的资金支持常规农业转向有机农业，并且还支持不同项目采用PGS方式。这些都发生在非规范化的本地有机市场背景下。2017年年底，印度政府已将有机法规推广到国内市场，并认可政府运作的PGS。

在有些国家，只有通过第三方认证，生产者的产品才可以作为有机产品进入市场。即使在这样不利的国家立法框架下，也有一些当地政府在地方或市政区域水平上发展支持PGS的体系，如在菲律宾和秘鲁。在欧盟国家和美国，即使PGS认证不能称作"有机"，但仍然存在。

一个决定对其有机产业进行监管的国家，有意或无意地在有机法规中将PGS排除在外，却并没有阻碍PGS的发展，这点很关键。为促进将PGS纳入有机法规，IFOAM国际有机联盟提出了具体建议，在"有机法规工具包"（该工具包可在IFOAM国际有机联盟的网站上下载，网址为www.ifoam.bio/en/organic-regulation-toolkit）中可以看到这些建议。虽然将PGS纳入现有有机法规允许的符合性评估体系是促进PGS的最佳途径，但制度的强化可能也会对PGS的发展产生不利影响。一些国家由于等级结构设置和获得政府认可需要走官方程序，可能与PGS的原始价值如参与性和和谐性相冲突等原因，PGS目前正面临着一些根本性的挑战。在制定政策和法规时，通过与利益相关方协商，尤其是经常参与PGS实施的基层组织，可以降低由自上而下方法造成的风险。

除了建立有利的法规框架之外，政府还可以通过其他方式向PGS提供支持，例如将PGS纳入有机农业系统培训中，通过政府官员在活动和日常沟通中对PGS进行支持。政府可能有兴趣支持第三方认证之外的如PGS的替代认证方法，作为促进农户们采用有机农业方式生产、通过市场链接实现生计改善以及增强小农的权力一种方法。无论国内是否有有机法规，也无论国内有机市场的规模如何，支持PGS适用于有机行业的所有发展阶段。

在哥斯达黎加、墨西哥、巴西和阿根廷可以找到一些有趣的例子。在最近发布的"有机农业公共支持全球政策工具包"（IFOAM国际有机联盟，2017）中提供了有关政策支持PGS发展详细实例的更多信息。有关此工具包的更多信息，请参阅本章后续章节4.4。

4.2.2 全球参与式保障体系的最新进展

根据IFOAM国际有机联盟所做的2017年全球PGS调查收集的数据，PGS项目已在66个国家建立，至少有311 449位农民参与了全球的PGS项目。这主要包括小农户和小型加工商。目前估计至少有241种PGS方法，其中127种已全面投入运行，115项正在发展中，可行性还有待验证。全球共有76 750家生产商获得认证。

虽然其中一些PGS实施项目由若干本地团体组成，但是应用统一的一个联系网络进行组织，因此，它们被认为是同一种PGS方法。

与2015年（上次调查的日期）相比，通过PGS认证的生产商数量增长率为74%，涉及的生产商数量增长了4倍多。

参与PGS的生产者人数最多的国家无疑是印度。已经从2015年的6 000人上升到2017年的250 856人。其中，共有46 598名生产者获得了PGS认证。

4.2.3 地区发展

亚洲的PGS参与者比其他任何地区都要多，共有260 366名生产者，其中49 559名已通过认证。这一发展与过去几年此地区PGS扩张有关。印度无论是生产者人数，还是通过PGS认证的数量，都远远领先于其他国家。菲律宾的生产者数量排在印度之后，为1 995人；而泰国通过认证的生产者数量则排在第二位，为1 116名。总体来说，在东南亚，PGS的发展在过去几年中向前迈出了一大步，这得益于亚洲开发银行和联合国粮农组织的支持及IFOAM国际有机联盟组织的PGS培训。

在拉丁美洲和中美洲，有22 726名生产者参与了PGS，其中16 756名通过了认证。玻利维亚PGS生产者最多，有9 284名生产者，8 164名获得认证。接下来是巴西（4 935名生产者，4 167名获得认证）和秘鲁（3 244名生产者，3 014名通过认证）。

在非洲，据估计约22 699名生产者，其中7 304名获得认证。例如，在坦桑尼亚有完善的PGS计划，有515名农民获得认证，肯尼亚有178名农民获得认证，而布基纳法索有104名农民获得认证。但是，该地区的数据收集存在问题。

在大洋洲，有超过2 671名生产者参与其中，其中1 385名已通过认证。在太平洋岛国，PGS认证接受度很高，大洋洲大多数PGS农户都在斐济，有1 120名生产者获得认证。

由于未得到立法保障，PGS项目在北美洲和欧洲近年来并不普遍。在北美洲，PGS共涉及11 767名生产者，其中大部分在美国，有776名生产者获得认证。在欧洲，1 220名生产者参与其中，其中大部分位于法国（881名生产者获得PGS认证）。

4.2.4 关于PGS数据的一般说明

IFOAM国际有机联盟每两年会进行一次全球PGS调查。2017年的调查于6—11月进行；因此，大多数PGS的数据来自2017年11月。其他数据通过PGS计划、主管部门和PGS专家的双边沟通收集。如果没有收到新的数据，则使用前一年的数据或更久一些的数据。当PGS得到国家有机法规认可时，我们会收集主管部门进行的人口普查数据。巴西、智利、玻利维亚、哥斯达黎加、墨西哥和印度的情况就是如此。

PGS倡议：一项PGS倡议被认为是一群生产者（农民和/或加工者），他们致力于按照双方同意的有机标准进行生产，并决定通过参与式方法保证其产品的有机质量。PGS计划还可能包括其他利益相关者，如消费者、推广人员、非政府组织或地方当局。许多PGS计划由多个本地组织组成。

PGS状态：建立PGS是一个漫长的过程，需要一年或多年才能完全认证相关生产商。在我们的数据收集中，有两种情况：①在操作中，当倡议全面运行时，并且已经实施了管理担保体系的所有必要程序，因此至少有一部分农民已经获得了认证；②在开发中，当主动开始建立PGS时，仍然需要开发和整合系统。因此，农民尚未获得认证。

生产者数量：在一项PGS倡议中，生产者数量有两种情况：①目前持有PGS倡议颁发的有效证书的生产者数量；②涉及的生产者数量包括已获得认证的生产者和尚未获得证书的生产者，均参与PGS运营。

4.3 有机加工食品主要市场不同有机法规和标准的对比[①]

4.3.1 背 景

随着有机食品行业的不断扩大，市场上食品的种类和繁复度也在迅速增加，特别是加工食品。有机食品消费者对的有机加工食品的质量有着特别高的期望，是超出食品安全和感官属性方面的。有机标准是指导和控制有机食品加工活动的重要监管框架。

本节对各种标准进行了比较，以了解民间标准、政府法律法规以及国际规范之间的差异，以及它们为实践有机农业原则能够提供多少指导。为了简单起见，术语"标准"将在本节中用于指代所有类型的标准、规则、规章、规范和指南。本节对IFOAM国际有机联盟的有机生产和加工规范，欧盟（EU）、美国、日本和中国的标准，以及欧洲民间标准的3个范例（Demeter，Bio Suisse和Soil Association）进行比较（尽管还有更多民间标准的例子，本节只选取3个进行比较）。全球约90%的有机食品市场（按货币价值计算）在上述8项标准下获得认证。仅美国市场就占全球市场的47%；欧盟是第二大市场，占37%。

4.3.2 有机食品加工的一般原则概述

IFOAM的"有机生产和加工规范"（2014）为了解与加工有关的有机农业原则提供了一个重要参考点："有机加工和经销在不违背产品完整性且保护环境的情况下能够为消费者提供高品质的有机产品。"其他标准略有不同地阐述了一般原则。例如，欧盟（EU）法规（EC）第834/2007规定："有机加工产品在产品链的所有阶段应采用能够保证有机完整性和保持产品重要质量的加工方式。"而中国标准规定："加工阶段应最大限度地保持产品的营养和原始性质。"土壤协会（Soil Association）标准将有机食品定义为"健康、可靠、纯正和高质量"。

---

① 本节作者为Verena Batlogg，Otto Schmid，Beate Huber

总体而言，有机标准通过两个主要理念来规范食品加工：①授权或禁止特定的处理方法；②加工过程中特别允许的成分和物质的授权（通常区分食品添加剂和加工助剂）。

4.3.3 有关加工技术和工艺的规则

本节所研究的8个标准都包含了有机食品加工的一些基本原则和具体限制，可以将其转化为具体的技术指导方针，即哪些加工技术和工艺是允许的，而哪些不是。然而，与农作物和畜牧生产相关的监管框架相比，食品加工缺乏具体指导，受到的关注也较少。

所有标准都禁止在食品加工过程中，以及其成分（如组成成分、添加剂、加工助剂或微生物，欧盟有机生产法规中的兽用产品除外）的制造过程中使用重组DNA技术（GMOs）。

所有标准都明确禁止使用电离辐射（辐照）、合成溶剂和石棉过滤材料。

所涵盖的标准之间的一个显著差异涉及处理技术被允许、限制或禁止的程度。例如，IFOAM国际有机联盟规范、土壤协会标准、欧盟第834/2007号和第889/2008号法规规定，处理技术应该是机械、物理或生物的。

美国国家有机计划（NOP）列出了21种，而中国标准列出了10种特定加工技术。然而，他们声称这些清单不仅限于这些，如脱水、罐装、发酵、过滤和冷藏等方法。

民间标准对生产技术和工艺的限制较多，而且它们通常对某些产品组特定的工艺进行了定义。例如，Bio Suisse允许7种处理即食牛奶的加工方法，同时明确禁止其他4种。同时，它还定义了微滤和UHT处理后牛奶中应存在的最低β-乳球蛋白水平。此外，它列出了均质过程中允许的最大压力值。

所研究的所有标准对评估或使用有机食品的新加工工艺或技术提供了很少的具体指导。

4.3.4 有关添加剂和加工助剂的规定

所研究的所有标准都要求将添加剂的使用保持在最低限度。人造香料和色素一般不包含在内。然而，许多政府法规和食品法典规则允许化学合成的与天然食品相同的味道，而所民间有机标准不包括这些。

与非有机食品工业的法律相比，有机食品加工标准在使用添加剂和加工助剂方面通常更加严格。所有有机标准都包括允许加工的物质清单，即所谓的正面清单。除了美国国家有机计划（NOP）名单之外，这些标准将这些物质的大部分归入两大类：食品添加剂和加工助剂。大多数标准还规定水、盐、调味剂、微生物、酶及清洁剂的使用。

添加剂是为改善颜色、香味、味道、形状和营养而添加的物质，并且可以满足保存和加工的要求。它们必须包含在产品的配料清单中。

对比而言，加工助剂是在处理、加工或经销过程中用于某些工艺用途的物质。加工助剂未在产品的成分表中列出，其在最终产品中偶然可以找到但在技术上其残留物又无法避免。

本节所研究的8项标准中所谓的"正面清单"具有专属性，意味着清单上没有明确提及的任何物质都不能用于有机食品加工。和其他食品工业一样，从产品质量的角度来看，只有在必要时才使用这些物质，而且以必要的最小剂量使用。

总体而言，不同有机标准（例如欧盟有71个，美国有89个）所允许的物质数量明显少于食品法典委员会在国际食品添加剂编号系统（INS）列表中列出的近430种。

在比较的标准中，在管理这些物质的使用时政府规则是最不具体的，而民间标准，尤其是Demeter和Bio Suiss标准在这方面是最具体的。

4.3.5 结论与展望

8种有机标准的比较表明，指导和定义加工活动的标准是复杂的。总体而言，政府标准比民间标准更概括，民间标准对于添加剂和加工助剂以及加工方法提供了更具体的指导，包括什么是允许的，什么是不允许的。

允许使用的食品添加剂和加工助剂的正面清单为该行业提供了明确的指导，但每个标准使用不同的分类，这使比较变得不那么容易。国际标准（IFOAM国际有机联盟规范、食品法典有机标准和欧盟法规）中的文字内容是具有可比性的。

例如，添加的任何物质应该能在自然界中找到并且可能只用了机械或物理的处理过程（例如提取、沉淀）、生物或酶促过程和微生物过程（例如发酵）。化学合成物质仅在某些例外情况下才允许使用（例如，具天然味道的香料）。所有标准要求在食品本身的属性、成分和质量方面不欺骗消费者。

对于有机产业来说，讨论是否有必要甚至必须寻求一套更加统一的食品加工标准很重要，如果有必要，如何能够最好地实现（Kahl等，2014）。一个有趣的问题是加工标准如何影响食品的感官特性（Schmid，2009），环境影响和可持续性（Beck和

Henkel，2012）。此外，由不同标准例如有关市场偏差或消费者认知之间或标准之间的等效性所造成的后果仍然是一项有趣的研究课题。

4.4 关于有机农业支持政策的全球首次汇编——"有机农业公共支持全球政策工具包"[①]

这是第一次编辑完整的全球有机农业政策支持概览，而如今"有机农业公共支持全球政策工具包"中为倡导者和决策者提供了工具。该工具包由IFOAM国际有机联盟于2017年9月发布，可以在IFOAM国际有机联盟的网站免费下载，网址：www.ifoam.bio/policy-toolkits。

该工具包是一项为期两年的研究成果，IFOAM国际有机联盟政策小组在此期间研究了为有机农业提供公共支持的80多个国家的实例。该小组收集并比较了包括政策制定者、学术专家界、顾问和有机利益相关者等各种来源的信息，这一类的研究结果旨在满足有机倡导者、政策制定者和其他希望提高其国家农业可持续性的人们的需求。

消费者、公民和政府越来越认识到可持续农业实践（如有机农业）所带来的环境、社会和经济上的效益。目前各国政府为有机农业提供公共支持，反映在以工具包形式出版的事例、成果、经验教训和政策建议中。该工具包旨在填补有机宣传和决策领域的知识空白：现在，政策制定者不仅可以了解我们应该支持有机农业的原因，还可以了解如何支持有机农业。该工具箱包含数百个地方或国家政府采取的以各种方式支持有机农业的政策措施示例。这些例子是根据不同措施类型进行分类的，主要分为以下3种：①推动措施（支持转换至有机生产）；②采取（拉动）措施（支持消费/购买有机产品）；③启用措施（结合推动和拉动措施）。

对有机农业公共支持的全球政策工具包包括：①主要研究报告：全面介绍各级政府（市、区和国家）为促进和支持有机农业所采取的措施，并提供与各类支持有关的国家实例和建议。②政策摘要：能够和政策制定者进行会议商讨的关于各种主题的政策简报。③演示文稿：有助于细化和分解主要矛盾。④成功案例：来自已经有效实施政策支持措施的国家。⑤关于"如何提高对有机农业支持需求的政治意识"的有机建议。⑥根据国家情况帮助用户选择最合适的支持措施。⑦对有新兴有机部门的国家制定政策模板，能够为政策制定提供灵感，涵盖与这些国家相关的最常见的政策措施。

---

① 本节作者为Joeele Katto-Andrighetto

致　谢

"有机农业公共支持全球政策工具包"的制作得到了瑞士发展与合作署（SDC）的支持，并得到瑞典国际开发合作署（SIDA）、Hivos和Bio.inspecta的共同资助。

参考文献

中华人民共和国国家质量监督检验检疫总局，中国国家标准化委员会. 2015.有机产品　第2部分：加工[S/OL]. http：//aco.net.au/wp-content/uploads/2015/08/GBT19630_2_en.pdf.

Beck A，Henkel Y. 2012. European Organic Regulations（EC）No 834/2007，889/2008 and 1235/2008 An Evaluation of the First Three Years Looking for Further Development pp.44-46[EB/OL]. http：//www.ifoam- eu.org/sites/default/files/page/files/ifoameu_reg_regulation_dossier_201204_en.pdf.

Bio Suisse，Basel. 2017. Bio Suisse（2017）Standards： Part III - Standards for Processing and Trade[S/OL]. https：//www.bio-suisse.ch/media/VundH/Regelwerk/2017/EN/pf_rl_2017_1.6_e_gesamt_28.09.2017.pdf and www.bio-suisse.ch/media/VundH/zusatzstoffe_d.pdf.

Codex Alimentarius Commission. 1999/2001/2004/2008/2013. Guidelines for the Production，Processing，Labelling and Marketing of Organically Produced Foods. Rome[S/OL]. http：//www.fao.org/fao-who-codexalimentarius/sh-proxy/en/?lnk=1&url=https%253A%252F%252Fworkspace.fao.org%252Fsites%252Fcodex%252FStan dards%252FCAC%2BGL%2B32-1999%252Fcxg_032e.pdf.

Codex Alimentarius. 2013. Guidelines for the Production，Processing，Labelling and Marketing of Organically Produced Foods[S/OL]. GL 32-1999，Rev. 1 -2001，Rev.2013. Rome. https：//tinyurl.com/y8mpxqmw.

Demeter. 2017. Processing Standards for the Use of Demeter，Biodynamic and related trademarks from June 2017[S/OL]. www.demeter.net/sites/default/files/di_processing_stds_demeter_biodynamic_17_-_e.pdf .

European Commission. 2007. Council Regulation（EC）No 834/2007 of 28 June 2007 on organic production and labelling of organic products and repealing Regulation（EEC）No 2092/91 [EB/OL]. http：//eur-lex.europa.eu/legal-content/EN/TXT/?uri=CELEX：02007R0834-20130701.

European Commission. 2008. Commission Regulation（EC）No 1235/2008 of 8 December 2008 laying down detailed rules for implementation of Council Regulation（EC）No 834/2007 as regards the arrangements for imports of organic products from third countries [EB/OL]. http：//eur-lex.europa.eu/legal-content/EN/TXT/PDF/?uri=CELEX：02008R1235-20161026&from=EN.

European Commission. 2008. Commission Regulation（EC）No 889/2008 of 5 September 2008 laying down detailed rules for the implementation of Council Regulation（EC）No 834/2007 on organic production and labelling of organic products with regard to organic production，labelling and control [EB/OL]. http：//eur-lex.europa.eu/legal-content/EN/TXT/?uri=CELEX：02008R0889-20161107.

European Commission. 2008. European Commission Regulation No 889/2008 of 5 September 2008 laying down detailed rules for the implementation of Council Regulation（EC）No 834/2007 on organic production [S/OL]. http：//eur-lex.europa.eu/legal-content/EN/TXT/?uri=celex%3A32007R0834

European Commission. 2008. Guidelines on imports of organic products into the European Union [S/OL]. 15.12.2008. Rev.1. European Commission, Brussels. https：//ec.europa.eu/agriculture/organic/sites/orgfarming/files/docs/body/guidelines_for_imports_en.pdf.

European Commission. 2017. Fact Sheet The new organic regulation. European Commission, Press release database[EB/OL]. http：//europa.eu/rapid/press-release_MEMO-17-4686_en.htm.

European Council. 2007. European Council Regulation（EC）No 834/2007 of June 2007 on organic production and labelling of organic products and repealing Regulation（EEC）No 2092/91[S/OL]. http：//eur- lex.europa.eu/LexUriServ/LexUriServ.do?uri=OJ：L：2008：250：0001：0084：en：PDF.

FAO, Codex Alimentarius. 2013. GL-32-1999：Guidelines for the Production, Processing, Labelling and Marketing of Organically Processed Foods[S/OL]. http：//www.fao.org/fao-who- codexalimentarius/sh- proxy/en/?lnk=1&url=https%253A%252F%252Fworkspace.fao.org%252Fsites%252Fcodex%252FStan dards%252FCAC%2BGL%2B32-1999%252Fcxg_032e.pdf.

FAO, Codex Alimentarius. 2017. Class names and the international numbering system for food additives CAC/GL 36-1989[S/OL]. http：//www.fao.org/fao-who- codexalimentarius/sh- proxy/en/?lnk=1&url=https%253A%252F%252Fworkspace.fao.org%252Fsites%252Fcodex%252FStan dards%252FCAC%2BGL%2B36-1989%252FCXG_036e.pdf.

IFOAM – Organics International. 2017. IFOAM Norms for Organic Production and Processing [S/OL]. https：//www.ifoam.bio/en/ifoam-norms.

Japanese Ministry of Agriculture, Forestry and Fisheries. 2005. Japanese Agricultural Standard for Organic Plants (Notification No. 1605 of October 27, 2005) Partial revision：Notification No.443 of March 27, 2017[S/OL]. www.maff.go.jp/e/policies/standard/jas/specific/attach/pdf/criteria_o-1.pdf.

Kahl J, Alborzi F, Beck A, Bügel S, Busscher N, Geier U, Matt D, Meischner T, Paoletti F, Pehme S, Ploeger A, Rembiałkowska E, Schmid O, Strassner C, Taupier-Letage B, Załęcka A. 2014. 2014 Organic food processing：a framework for concept, starting definitions and evaluation[J]. *J. Sci Food Agric*, 94（13）：2582-94.

Schmid, O. 2009. Analysis of regulatory framework affecting sensory properties. Comparative report on specific sensory related requirements in regulations and standards for organic production. Deliverable No. 1.1 of ECROPOLIS Project. Research Institute of Organic Agriculture FiBL, Frick, Switzerland[EB/OL]. http：//orgprints.org/17256/1/deliverable_1.1_regulatory_framework.pdf.

Soil Association. 2016. Organic standards food and drink Revision 17.5 August 2016[S/OL]. www.soilassociation.org/media/7207/food-and-drink-v17-5-august-2016.pdf.

USDA. 2017. Organic Regulations[S/OL]. www.ams.usda.gov/rules- regulations/organic.

USDA. 2018. Organic Regulations[EB/OL]. The USDA website，USDA，Washington DC. www.ams.usda.gov/rules-regulation/organic.

5 非洲有机农业现状[①]

2016年,非洲的有机农用面积超过180万公顷,占非洲农地总面积的0.2%,而占全球有机农地面积的3%。与2015年相比,非洲的有机农地增加了近11.9万公顷,其增长率达7%。从2000年的5.2万公顷开始,现在有机农地的面积已增长了超过170万公顷。2016年,有40个国家报告了有机农业方面的数据。坦桑尼亚是有机农地面积最多的国家,近27万公顷;而乌干达则是拥有最多有机生产者的国家,其人数超过21万人。此外,有机农地占比最高的是岛国圣多美和普林西比,为13.8%;紧随其后的是埃及,为2.8%;然后是科摩罗,为1.9%。

5.1 土地利用

2016年,非洲超过一半的有机农地(超过100万公顷)用于种植多年生作物。同时,近30%的有机农地(超过52.5万公顷)用于种植季节性作物,近2%(超过3.8万公顷)为草原/牧场。除此之外,尚有11%有机农地土地利用类型的相关信息无法获得。

就有机多年生作物而言,突尼斯(近17.6万公顷,主要种植橄榄)、埃塞俄比亚

[①] 本章作者为Julia Lernoud, Helga Willer 和 Bernhard Schlatter

（16.1万公顷，主要种植咖啡）、乌干达（15.7万公顷，主要种植坚果和咖啡）、坦桑尼亚联合共和国（超过12.4万公顷，主要种植咖啡和可可）和肯尼亚（11.2万公顷，主要种植坚果）的种植面积最大。主要的有机多年生作物是咖啡，上报的种植面积超过38万公顷，占该地区咖啡种植总面积的12.7%。埃塞俄比亚（超过16万公顷）和坦桑尼亚（约9.4万公顷）的有机咖啡种植面积是最大的。自2004年以来，有机咖啡的种植面积增长了21倍；其部分增长要归因于数据可获得性的不断改善。有机可可的种植面积自2004年以来实现了48倍的增长，近11.1万公顷，占非洲可可种植总面积的1.7%。有机可可种植面积最大的3个国家分别是刚果（金）（3.7万公顷）、坦桑尼亚（2.9万公顷）和塞拉利昂（超过2.03万公顷）。

近30%的有机农地用于种植季节性作物，其中大部分为油料作物（近19.6万公顷，占油料作物种植总面积的0.7%；主要作物为芝麻）、纺织原料作物（约13.6万公顷，占该区域棉花种植总面积的2.7%）及谷物。另外，该地区近63%的棉花种植区位于坦桑尼亚（近8.5万公顷），其次是苏丹（1.5万公顷）。自2004年以来，有机棉花的种植面积实现了14倍的增长。2016年，谷物的种植面积超过6.7万公顷；主要生产国为坦桑尼亚（近5.1万公顷）、埃及（超过8 000公顷）和塞内加尔（近4 000公顷）。

5.2　生产者

非洲有机生产者的人数至少达到74.1万人，其中有机生产者数量最多的国家是乌干达（超过21万人）、埃塞俄比亚（超过20.3万人）和坦桑尼亚联合共和国（14.8万人）。由于许多国家仅上报了各自国家农场企业/公司的数量，因此我们可以假设，他们国内有机生产者的数量会更多。

5.3　野生采集

野生采集在非洲发挥着非常重要的作用，在2016年，超过1 200万公顷的土地获得了有机野生采集区认证。赞比亚野生采集区域的面积最大（670万公顷，主要用于蜜蜂养殖）；其次是纳米比亚（200万公顷，主要生产药用植物）；然后是南非（100万公顷，主要生产爪钩草）、索马里（约85万公顷，主要生产天然树胶）以及津巴布韦（30万公顷，主要种植猴面包树）。药用植物，如爪钩草（魔鬼爪）野生采集区域的面积是最大的（超过300万公顷）；其次是油料作物（超过76.6万公顷），比如乳木果（约6.7万公顷）。非洲有机野生采集区域的主要活动是蜜蜂养殖，该区域的面积将近600万公顷。赞比亚野生采集区域的面积最大，约590万公顷，主要用于有机蜜蜂养殖，占蜜蜂养殖区域总面积的99%。

5.4 数据统计

欲了解关于非洲有机农业的更多信息，见图5-1至图5-5。

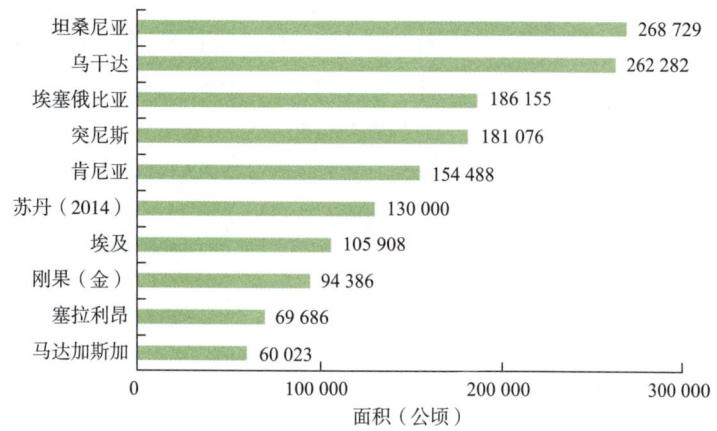

图5-1 2016年非洲有机面积位列前十位的国家/地区

数据来源：2018年FiBL调查

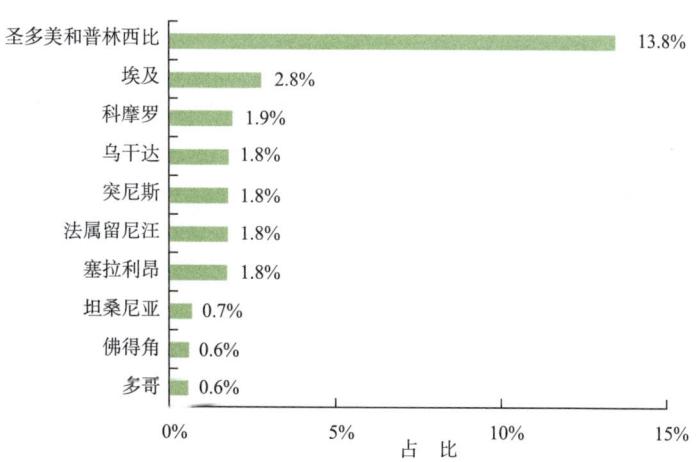

图5-2 2016年非洲有机农地面积占比最高的国家/地区

数据来源：2018年FiBL调查

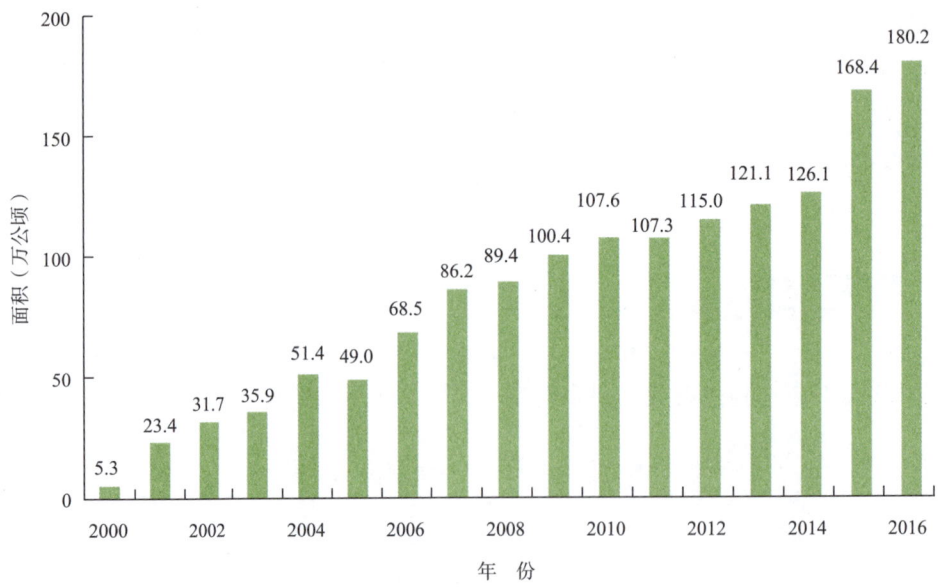

图5-3　2000—2016年非洲有机农地发展

数据来源：2000—2018年FiBL-IFOAM-SOEL调查

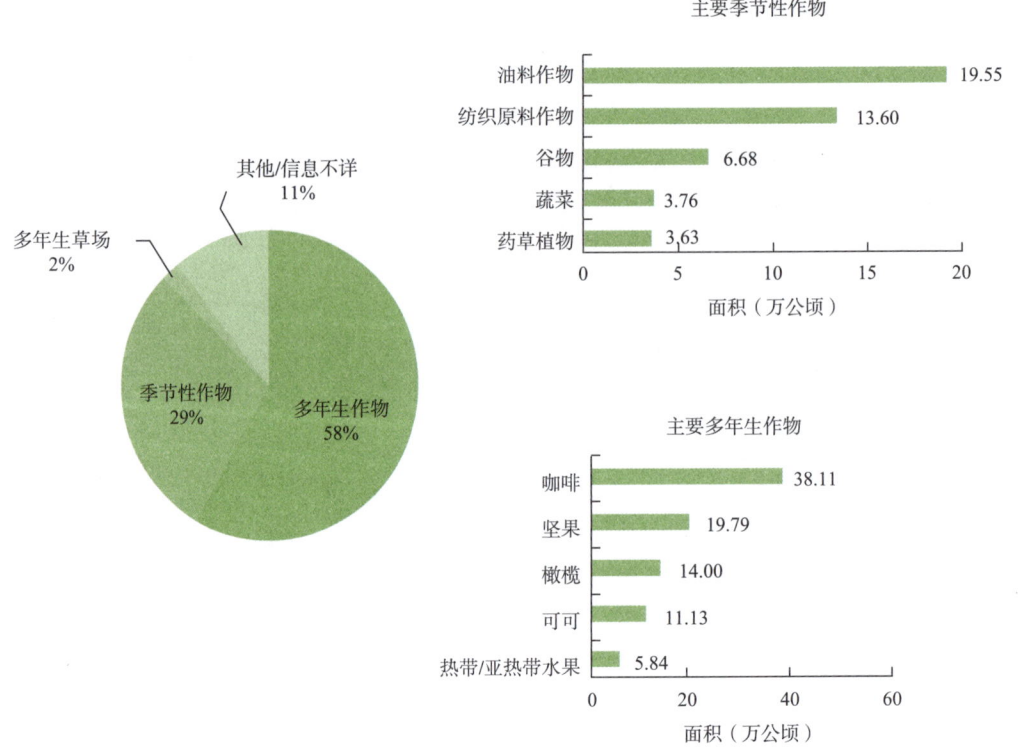

图5-4　2016年非洲有机农地使用情况

数据来源：2018年FiBL调查

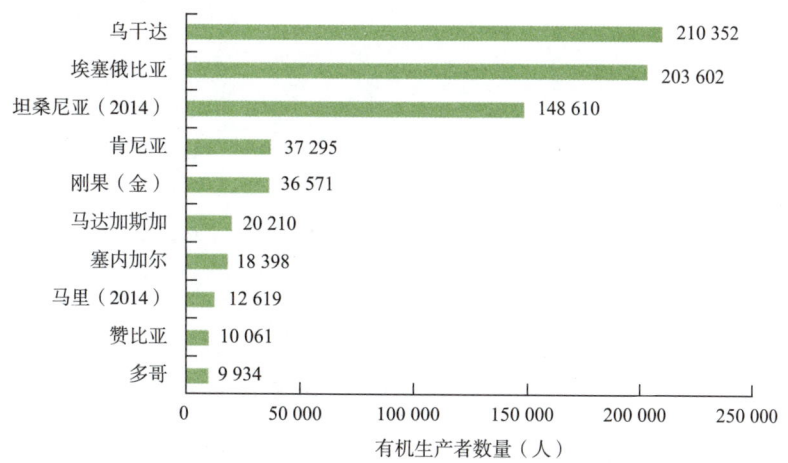

图5-5 2016年非洲有机生产者数量位列前十位的国家/地区

数据来源：2018年FiBL调查

6 亚洲有机农业现状

6.1　2017年亚洲有机农业的发展[①]

6.1.1　概　述

2017年，所有向此书提供数据的亚洲国家的有机生产均呈现出总体增长态势。以孟加拉国数据为例，有机产品出口数量也同时在增加。中国有机行业发展最有意思，无论是全国性还是地方性的有机团体都经历了非常重要的增长，比如说有机俱乐部、有机联盟或有机平台等。同时，社区支持农业（CSA）和参与式保障体系（PGS）受到更多人关注。2016年年底，中国和新西兰签订了首个双边有机互认协议。印度政府推行了通行有机认证标识"Jaivik Bharat"。关于被第三方和PGS有机认证过的产品的数据都存在数据库和相关门户中，这些数据可以验证认证的真实性。PGS认证为小农户更好地提供了进入有机市场的机会。菲律宾有120多个市长在积极发展当地有机农业，有些城市如杜明格、卡苏瓦根和比斯利格等因其有机农业的典范发展而获得国际认可，这些城市

[①]　本节为IFOAM - Asia（亚洲有机联盟）组织编写

将有机农业作为实现扶贫、和平建设和整体可持续发展的工具,并且将农业相关的政策纳入主流政策。

6.1.2 孟加拉国[①]

孟加拉国政府于2016年11月7日批准了"2016年国家有机农业政策",目标是在农业部下设立国家有机标准委员会(NOSB)。此委员会旨在监管一些如如制定和更新标准与认证体系、促进有机产品的出口等相关活动。尽管NOSB尚未正式成立,有机农业已经欣欣向荣地发展起来。

孟加拉国的有机农地面积和有机产品产量逐年增加。自2010年以来,茶是Kazi & Kazi公司出口到全球市场的主要有机产品。尽管该公司有机茶种植面积与前一年持平,2017年出口量却比2016年增长了10%。

另一家茶叶公司Sabazpur Tea有限责任公司,于2017年开始生产有机茶。该公司总共有205公顷有机农业用地,其中67.2公顷用于生产有机红茶和有机绿茶,年产量分别为12.4吨和2.4吨。有机茶产品正在申请第三方有机认证,目前更侧重于当地市场而非出口市场。该公司计划于2018年开始出口有机茶产品。

腰果是该国计划出口的另外一个有机产品。在商务部和孟加拉国有机产品制造协会(BOPMA)的帮助下,现有约3 000公顷的有机农地种植腰果,产量约为800吨。2018年预估产量将超过1 200吨。

此外,孟加拉国的一些有机企业开始关注当地市场的发展。达卡市的超市已开始售卖有机产品。一些年轻的企业家已经开始通过与当地农民建立合同关系,建立线上商城。农业科研机构已经开展了一些项目,旨在开发有机农业技术,生产高品质的有机产品,如番茄、杜果、香蕉,甚至出口用的土豆。还有一些有机项目涵盖了孟加拉国的主要作物大米。

6.1.3 中　国[②]

中国政府已经宣布将"绿色发展"作为国家发展战略,其中有机农业的发展是响应

[①] 6.1.1部分的作者:Shaikh Tanveer Hossain博士,日本亚洲生产力组织农业部项目官员,电子邮箱tanveer107@yahoo.com;Md.Khurshid Alam博士,孟加拉农业研究所(BARI),电子邮箱khurshid@hotmail.com。

[②] 6.1.3部分的作者:周泽江,有机农业发展中心(OFDC)和环境保护部高级顾问,电子邮箱zejzhou88@yahoo.com。

此战略的行动之一。中国国家认证认可监督管理委员会（以下简称认监委）实施了一项新政策，给有机认证机构的注册提供了更便利的条件，与此同时，认监委还加强了对认证机构的监管和监督。到2017年年底，有60多家有机认证机构（数量较前一年翻了一番）通过了认证认可并开展认证业务。

通过各方努力，全国性或地区性有机组织，如有机协会、有机联盟等的数量显著增加，通过建立有机市场平台，有机产品受到了更加广泛的关注。

各省级协会建立了有机联盟，积极推动经验和信息交流，开展发展战略讨论，强化市场平台推广。

基于中国社区支持农业（CSA）的发展，参与式保障体系（PGS）已成为有机领域的热门话题。越来越多的人对组织和实施不同类型的PGS组织产生兴趣，尽管PGS尚未在中国获得官方认可，但是政府一直对这类体系的进展表示关注。

作为全球第三大有机单一市场（占2016年全球有机销售价值的7%），2017年中国有机市场规模继续增长。越来越多的国家希望向中国出口本国有机产品。在2016年年底，中国与新西兰签署双边有机互认协议后，越来越多的国家也试图与中国建立类似贸易关系，旨在进入中国有机市场。中国有机认证机构在境外进行的有机检查和认证活动也有大幅增长。

6.1.4　中国香港特别行政区[①]

随着公众对食品安全和环境保护的日益关注，香港政府开始推广有机农业。有机农业可以以环境友好和可持续的方式生产食物，更好地保护我们的农田和农村，同时，它也可以开辟一个利基市场，为当地农民增收。此外，它可以为居民提供更多更好的新鲜蔬菜选择。

2000年12月，渔农自然护理署（AFCD）推出有机农业支持服务（OFSS），为从事有机农业的农民提供帮助。2002年，香港有机资源中心（HKORC）成立，建立作物生产和加工的有机标准。香港有机资源中心认证有限公司（HKORC-Cert）于2004年年底成立，为本地有机农户及有机加工商提供独立认证服务。2012年3月，HKORC-Cert获得IFOAM认可。

截至2016年年底，共有297个蔬菜农场（共107公顷）使用了有机农业支持服务。

---

① 6.1.4部分的作者：Wendy W. C. KO，农业渔业及自然保护署高级农业主任（作物发展），电子邮箱wendy_wc_ko@afcd.gov.hk；Jonathan Wong博士，香港有机资源中心主任，和平荣誉勋章获得者，电子邮箱jwcwong@hkbu.edu.hk

同时，146个本地农场（85公顷），获得HKORC-Cert的认证。

目前，香港没有有机农业/有机生产的监管体系或法律规范，消费者不得不依赖HKORC-Cert的认证服务来获取当地有机农产品。

当地有机农民每天平均生产大约6吨超过30多种有机蔬菜，有机蔬菜占新鲜蔬菜销售量的不到0.3%。目前，有机农产品主要通过蔬菜批发市场、有机农夫市集、直售到宾馆饭店、采摘农场、传统市场、健康食品店和网上订单进行销售。

HKORC的消费者调查结果显示，2016年，有近3%的居民每天购买有机产品，与2015年相比，销售总额增长了12%。预计未来一年，有机销售额将实现两位数增长。预计香港未来有机市场将继续保持稳定增长。

6.1.5 印　度①

2017年，印度政府在政策和执行层面认可了参与式保障体系（PGS），此是印度有机产业取得的重大发展之一。近日，印度食品安全和标准局（FSSAI）推出了"印度有机完整性数据库"，以帮助消费者验证有机食品的真实性。它还引入了标语"Jaivik Bharat"作为有机食品的通用标识。通过此数据库和相关的门户网站，有机消费者可以验证有机产品的真实性——数据库中有第三方认证机构和PGS的认证记录。这种发展将更多的小规模有机生产者纳入认证有机市场的范围之内。除通过第三方认证机构认证的150万公顷有机农地外，还有超过20万公顷有机农地通过PGS认证。

有机认证的农地面积实际上远远超过上述数据。据估计，印度东北部地区至少有1 800万公顷是传统有机的，在多雨地区，还有很多由部落人口管理的农场。例如，印度东北部的锡金地区群山环绕，少有农田。这里大部分区域都非常贫穷，农民几乎无法购买到化学合成的农药投入品。因此，锡金很容易转成有机地区。

现在面临的问题就是，如何认证这些未由第三方认证机构认证的农产品，使之成为有机商品在市场上销售。PGS是朝这个方向迈出的一步。

印度另一项重要举措就是，通过有效的法规禁止当地农业使用化学品，从而宣布整个邦或区是有机的。锡金——印度东北部的一个邦（种植面积达5.6万公顷），已被宣布为有机农业邦。印度东北部的另外两个邦，阿鲁纳恰尔邦（Arunachal Pradesh）和米佐拉姆邦（Mizoram）也在复制锡金的经验。同样，印度南部喀拉拉邦一个地区卡萨罗德（Kasargode）已经起草了一个成为有机行政区的规划蓝图。

---

① 6.1.5部分的作者：Joy Daniel，农村综合发展研究所所长，电子邮箱jdaniel@iird.org.in

国际和印度国内市场对有机农产品的需求不断增加。预计到2020年，印度有机产品出口额将增长3倍，国内市场也将呈现出类似的趋势。目前，约有1/5的由第三方机构认证的有机农产品出口，其余的主要销往印度的大城市。PGS认证的产品几乎全部在国内销售。印度是全球有机领域的主要参与者之一，拥有全球最多的有机认证生产者和日益扩大的有机产品市场。

6.1.6 伊 朗[①]

有机生产在伊朗已经引起了当局的重视，伊朗已落实许多积极的举措来发展有机农业。但还需要采取进一步措施弥补现有的信息资源的差距，以赶上全球有机生产的步伐。伊朗有机运动在2017年取得了如下丰硕的成果。

政策和行动计划：伊朗农业部成立了"有机农业委员会"，为伊朗发展有机农业提供相关政策和行动计划。

生产：伊朗有机农业的前景很好。过去几年的增长率表明，该行业发展迅猛。伊朗可能成为生产具有全球性需求的高价值有机产品的中心地区，如藏红花、开心果、石榴和药用植物。

市场开发：伊朗有机协会、IFOAM-伊朗与德黑兰市果蔬组织合作举办了"德黑兰有机周"（2016年12月31日至2017年1月6日），此活动在开发和推广有机产品市场中扮演重要角色。目前，伊朗有67家有机产品专卖店，同时也向全国的大型超市供应有机产品。

IFOAM亚洲会员和亚洲有机农业地方政府（ALGOA）：作为区域性合作会员，IFOAM-伊朗加入了IFOAM-亚洲。IFOAM-伊朗与德黑兰市果蔬组织管理部门一起，在韩国第三届ALGOA峰会上签署了ALGOA合作伙伴谅解备忘录。

研讨会：除了几个当地的研讨会，IFOAM-伊朗与IFOAM养蜂论坛合作，于2017年7月在德黑兰举办了"有机养蜂业"研讨会。该研讨会旨在支持有机蜂蜜产品生产和销售的发展与养蜂业的发展。养蜂人（个体或合作社）、研究生、教师、科学家、贸易商、利益相关者、民间组织和政府机构的120多名各行各业人员参加了为期两天的研讨会。

IFOAM学院：2017年5月，两名来自伊朗的学员参加了在克罗地亚举办的有机领导

---

① 6.1.6部分的作者：M. Reza Ardakani博士，IFOAM - 伊朗主任，电子邮箱 mreza.ardakani@gmail.com

力培训班。

6.1.7 日本①

日本有机市场呈现稳定增长态势，在与其他国家达成互认协议后，不仅进口量有所增加，出口有机产品（如绿茶）的数量也增加了（高达34%）。

消费者对于有机食品和非食品类有机产品，如化妆品和纺织品的需求正在增长。如今，有机产品不仅意味着"安全和健康的食物"，还被当作一种可持续的生活方式。"有机生活方式博览会"顺势在2016年首次举办，并于2017年吸引了超过2.2万名参观者。横滨市举办的另一场国际有机博览会吸引了181名参展商和1.4万名参观者。

2017年7月，旨在促进和支持有机农业的地方政府官员举办了一次会议，约有100人参加。这说明地方政府对促进有机农业有着浓厚兴趣。

虽然认证的有机农户数量略有增加，但有机认证的土地数量有所减少。经认证的有机土地相比总农业用地比例保持在0.2%。

日本农业标准（JAS）有机法规经过了修订，2017年4月实施了小幅度修改。

2017年春，日本两院立法机构通过了废除"日本主要作物种子法"的议案，此决定于2018年4月施行。根据该法规定种子的生产是由政府支持和保护的。有民众担心，此项举措会导致种子的私有化、价格上涨及多样性的丧失。

6.1.8 韩国②

对于韩国民众来说，2017年是被杀虫剂污染鸡蛋困扰的一年，因为在符合环保标准（无抗生素认证）农场的鸡蛋中发现有农药污染。在一些有机认证的鸡蛋中也发现了DDT痕迹，这导致了环保认证农产品的消费下降以及消费者对此的深度不信任。

政府已经宣布加强认证体系的监管措施，但如果没有解决结构性问题，将来也会出现类似的问题。有机组织表达了他们的担忧：政府只关注食品安全（无化学物质），但是缺乏对于有机农业的全面认识——一个具有健康、环境、经济和社会影响的整体生产体系。一些团体表示希望摆脱第三方认证并转向"自我认证"（PGS）。

随着2017年5月新政府的任命，由于前总统的弹劾提前举行总统选举，农业领域有

---

① 6.1.7部分的作者：Miyoshi Satoko，全球有机纺织品标准（GOTS）日本代表，电子邮箱miyoshi@global-standard.org

② 6.1.8部分的作者：Manchul Jung，韩国农村社会事务研究所副所长，电子邮箱jungkobe@hanmail.net

望发生新变化。但是到目前为止，新政府并没有做出任何新的改变，而是一直遵循前政府制定的政策。

不过，2016年3月实施的第四期"环境友好型农业促进法五年计划"中，宣布"环境保护服务"直接支付制度，预计会取得积极进展。

在民间经营层面，有机农业团体（包括农民团体和消费者合作社）一直呼吁政府增加直接投入，以保护农民收入，实施转基因生物的全面标签，停止研究转基因生物的商业化，为学校和公共食品采购提供环境友好型食物。

6.1.9　菲律宾[①]

菲律宾有机农业市政和城市联盟（LOAMC-PH）是市政、城市和国家政府结构中唯一的全国性组织，由地方行政长官（LCEs）或市长积极参与菲律宾有机农业的制度化。

虽然菲律宾于2010年批准了国家有机农业法，并通过国家有机农业计划（NOAP）实施，但结果并没有多少说服力。2012—2016年的菲律宾5%的农业用地转为有机生产的目标尚未实现；目前只有约2%的有机用地。菲律宾农业部（DA）实施的NOAP在中长期战略干预和方法方面受到其人员能力的限制。有机农业被视为与技术相关，而不是基于与农民和其他关键利益相关者而指导部门及其人员采用可持续方法的基本原则和哲学。

为了填补这一空白，并配合实施NOAP，LOAMC-PH组织了一个系统的、可持续的有机农业发展方法，涉及以下两方面。

积极纳入自治市市长成为LOAMC-PH会员：截至2017年第三季度末，超过120位市长成为会员，至少占菲律宾1 489个自治市和46个城市中的8%（总计1 535个市）。他们承诺为这些自治市/城市120万公顷农田转换为有机生产而努力。最低的市政农业用地升至1万公顷。

家庭农场和市政/城市发展方法的制度化：LOAMC-PH开始正式支持家庭农场和市政/城市的系统转换，提供为期4周的培训课程，名为"架起资产基础上的可持续有机农业中的领导力与管理的桥梁"（BLG-ABSOA）。本课程是与SEAOIL Foundation Inc.（SFI）和农业部农业培训学院（DA-ATI）合作举办的。该课程的开发基于南三宝颜省的杜明加、北拉瑙省的考斯瓦根市和南苏里高省的比斯利格市的经验，都旨在于2020

---

① 6.1.9部分的作者：Vic Tagupa，有机农业市政和城市联盟技术官员（LOAMC），电子邮箱victagupa2016@gmail.com

年前成为一个"菲律宾有机农业模式城市"。

如上所述,其中一个主要限制是错误观念——将有机农业视为技术而不是可持续发展解决方案。因此,国家政府的干预主要是针对投入替代,例如,用有机肥替代化肥,而有机种子和有机饲料很难即时获得。国家计划更侧重于商业,特别是在涉及使用需要合成化学品的杂交种子或传统农业中常用的种子时。有机农业缺乏财政支持,预算只占农业部年度预算的2%。

6.1.10　泰　国①

有机农业继续发展,在第三方认证和参与式保障体系(PGS)下有机农场稳步扩张。对于许多被排除在第三方认证计划之外的本地生产者来说,PGS似乎是令人兴奋的词,并且PGS可能在未来几年带来有机农场的爆发式增长。此外,越来越多的加工商、运输商和贸易商开展了有机业务。虽然初级有机农产品(如大米、新鲜蔬菜)仍然占据市场主导地位,但是无论出口还是内销,泰国市场可以提供更多种类的有机加工产品。

泰国有机贸易以出口为导向,但国内市场快速扩张。主要来自美国和欧盟的加工产品的进口有助于丰富产品种类。泰国有机市场由常规的现代贸易和独立的绿色/健康商店主导。柠檬农场作为专营健康和有机产品的超市,表现十分突出。2016年,泰国消费者注意到越来越多的高端餐厅开始提供有机食品。

长期以来,泰国政府一直主张有机农业作为政策框架的一部分,但没有具体的条款。此外,政府正试图推行强制性标签管理规定,但遭到泰国有机运动的强烈反对。一项草拟6年之久的国家行动计划(即"国家有机发展战略")终于在2017年4月完成。于2017年年中推出的"有机稻米种植补贴计划",引发了一些关于政府与民间组织在该国有机产业发展中作用的争议。

6.1.11　越　南②

2017年,得益于消费增加和政府政策的支持,越南有机农产品市场稳定增长。但是,由于食品生产和加工过程中的许多违规行为,消费者仍然存在不信任。有机产品进口也稳步增长。

---

① 6.1.10部分的作者:Vitoon Panyakul,绿色网络,电子邮箱vitoon@greennet.or.th
② 6.1.11部分的作者:Dang Thi Bich Huong,越南有机农业协会主任,电子邮箱danghuong0990@gmail.com

在政策层面，越南没有任何关于有机生产和支持政策的法规（国家标准于2015年颁布但未实施）。然而，在2017年年初，随着越南有机农业协会的积极倡导和有机产品需求的不断增长，政府和国家机构开始关注并推动有机农业发展。政府要求制定若干政策文件，其中包括有机农业国家管理法令、2018—2025年越南有机农业发展行动计划，以及修订和加强适合当地和国际条件有机农业国家标准。

越南的有机农业法令正在制定中，有望在2018年年初实施。正在制定的两项有机认证计划是政府系统内的第三方认证体系和PGS认证体系。

6.1.12　2017年IFOAM-亚洲的成就

2017年，IFOAM-亚洲将重点放在包括中亚在内的亚洲地区活动的扩大上。会员增加到220个（2014年成立时为80个）。

亚洲有机农业地方政府（ALGOA）项目取得了巨大的增长，扩大到亚洲16个国家的55个会员。亚洲地方政府越来越多地关注和参与此项目，一些地方政府表示有兴趣在其各自国家组建ALGOA地方分会。

2017年5月，大约500名本地和外国参与者参加了在中国四川省南充市西充县举办的第二届IFOAM-亚洲有机大会，大会主题为"在有机3.0时代展现亚洲地方有机系统"。

2016年第二届ALGOA峰会将9月19日定为"亚洲有机日"。越南有机农业协会是庆祝"亚洲有机日"的第一个IFOAM)-亚洲成员，该庆祝活动得到了越南农业和农村发展部的正式认可。

2018年9月，在比斯利格市和菲律宾中央政府的慷慨资助下，将举行第三届IFOAM-亚洲有机大会，包括为期一周的国际会议、文化活动、交易会和有机培训等的庆祝活动。它将成为2018年亚洲有机行业最大的聚会。

6.2　与地方政府合作——ALGOA项目[①]

6.2.1　ALGOA项目概述

亚洲有机农业地方政府（ALGOA）是IFOAM-亚洲2014年发起的一项特别项目，旨在连接印度、菲律宾和韩国的生态村。这些国家的IFOAM-亚洲成员一直在与地方政府合

---

①　本节作者为Jennifer Chang

作，开发更加全面和综合的有机农业发展形式，重点关注整个村庄而不是单个农民。

该项目在得到了韩国槐山县的财政支持，并在"有机农业城市和城市联盟（LOAMC）"的菲律宾地方市政领导人积极参与下得到了促进。当时，它是由2012年"One World Award"奖项得主——菲律宾杜明格（Dumingag）的荣誉市长Jun Pacalioga领导的。ALGOA项目于2015年9月19日在韩国槐山县正式启动。

ALGOA是独一无二的，因为它是建立在IFOAM-亚洲成员与亚洲地方政府之间合作的基础上的。只要是促进有机农业发展的，各国中央政府以下的任何级别的政府都有资格加入ALGOA。各国中央政府或亚洲以外的任何IFOAM成员都可以作为"特别成员"加入。

由于强调地方政府与IFOAM-亚洲成员之间的相互合作，当地方政府以IFOAM-亚洲成员身份加入或当地方政府获得已经是ALGOA成员的IFOAM-亚洲成员的认可时，它将获得"正式成员资格"（有表决权）。当一个地方政府或IFOAM-亚洲成员自己加入时，就会给予"准会员资格"。

截至2017年8月，ALGOA的会员数已增至55名，它们分布于包括伊朗和吉尔吉斯斯坦的16个亚洲国家。

6.2.2　年度峰会

ALGOA最重要的活动是年度峰会。地方政府和IFOAM-亚洲成员聚会，了解与有机农业相关的主要问题并分享他们的最佳实践。会员们了解有机化运动的多样性，了解更大的国际问题并与之建立联系。

例如，成员了解有机农业如何在反对派控制的地区成功地建立和平（菲律宾Kasuwagan市的"武装农场"项目），地方政府如何向主流有机农业表明政策（锡金，印度），中央政府如何打造"1 000个有机农村"（印度尼西亚），或如何在当地学校建立餐饮中心（韩国洪城县）。

6.2.3　ALGOA成员之间的谅解备忘录（MoU）

谅解备忘录（MoU）由ALGOA成员签署。成员间相互访问，巩固了他们的关系。成员们还被纳入诸如"有机食品系统伙伴关系"的国际伙伴关系。"有机食品系统伙伴关系"承认ALGOA成员国有机农业的各种综合发展。

6.2.4 有机农业培训

ALGOA的另一项主要活动是为当地政府官员和IFOAM-亚洲成员提供全赞助的有机农业培训。来自地方政府和IFOAM-亚洲成员的超过100名人士已经在与IFOAM有机学院合作开展的ALGOA有机基础课程（OFC）中接受培训。

6.2.5 IFOAM-亚洲有机青年论坛

第一届ALGOA有机基础课程一个有趣的发展是，受训者们自发地决定将自己融入IFOAM-亚洲有机青年论坛，从此自发组织培训活动并为其提供资金。有关这些培训的一个特别值得注意的事情是他们将推动有机发展的先锋人士与亚洲年轻一代联系起来。来自中国、印度、日本和韩国的有机先锋受邀发表特别讲座和评论。这些活动成功地激励年轻一代加入有机运动中。许多青年论坛成员也出席了2017年11月在德里召开的有机世界大会。

6.2.6 亚洲有机日

2016年，第二届ALGOA峰会与会者将9月19日定为"亚洲有机日"。越南是第一个庆祝这一天的国家，在2017年举办了有机会议和贸易展览会。2018年，"亚洲有机日"将伴随着第三届IFOAM-亚洲有机大会的开幕在菲力宾的比斯利格市举行。

6.2.7 2018年展望

从2018年起，ALGOA还将根据联合国最近关于"家庭农业十年（2019—2028）"的宣言，重点制定支持小农和边缘农民的政策。

6.3 亚洲有机农业数据[①]

6.3.1 概 述

亚洲的有机农地面积近490万公顷，是该地区农地总面积的0.3%。从全球层面来

---

① 本节作者为Julia Lernoud，Helga Willer，Bernhard Schlatter

看，亚洲有机农地的面积占全球有机农地总面积的9%。与2001年（42万公顷）相比，有机土地的数量已经实现了超过11倍的增长。2015—2016年，亚洲有机土地的面积增加了90万公顷，或者说增长达24%。其中，有机农地面积最大的国家是中国（230万公顷），生产者数量最多的国家是印度（83.5万个生产者）。有机农地在农地总面积中占比最高的国家是东帝汶（7.4%）和斯里兰卡（3.5%）。

6.3.2 土地利用

2016年，亚洲49%的有机农田都用于种植季节性作物（240万公顷），16%（约77.55万公顷）用于种植多年生作物，还有1%为草地/牧区（约3.2万公顷）。除此之外，我们未得到关于其他34%土地利用类型的信息。

谷物是主要的有机季节性作物（主要为小麦和水稻），占地面积超过100万公顷，占据亚洲谷物种植总面积的0.3%。其中，大部分的谷物都分布在中国（约81.1万公顷）和哈萨克斯坦（13万公顷，2012年数据）。另外，油料作物（主要是大豆）也是非常重要的谷物，其种植面积至少为58.2万公顷（主要在中国和印度），占亚洲油料作物种植总面积的1%。主要的有机谷物是小麦、水稻和玉米。有机水稻占有机谷物面积的将近36%，与小麦（26%）和玉米（18%）一起，占亚洲有机谷物总面积的近80%。有机水稻主要在中国种植（近27.6万公顷），占亚洲总有机稻米的75%。有机小麦种植面积最大的国家是中国（14.7万公顷），其次是哈萨克斯坦（约12万公顷），代表了亚洲几乎所有有机小麦面积。

大多数的有机多年生作物用地都用于种植椰子（超过19.9万公顷）、咖啡（近11.2万公顷）、温带水果（近10万公顷）和茶叶（9.3万公顷）。菲律宾的有机椰子种植区域面积最大，超过15万公顷，占据亚洲有机椰子种植总面积的75%。亚洲有机咖啡种植面积最大的国家是印度尼西亚，据报告其面积超过8.2万公顷，然后是东帝汶（2.8万公顷）；这两个国家有机咖啡的种植面积占据亚洲此类农地面积的97%。就亚洲咖啡种植的总面积而言，有机咖啡的种植面积占4.4%。此外，亚洲几乎有2.6%的茶叶种植区域都是有机茶叶；而且其中大部分都分布于中国（7.9万公顷），紧随其后的是缅甸（3 500公顷）。

6.3.3 生产者

2016年，亚洲区域报告显示该地区的有机生产者数量为110万人。其中，印度有机生产者的数量最多（83.5万人），其次是菲律宾（近16.6万人）。遗憾的是，许多国家没有上报他们的生产者数量，或者仅上报了公司的数量；因此，据推测，该区域生产者的实际数量应该更多。2004年，亚洲地区的生产者总量为10万人，从那时至今，有机生产者的数量已经实现了11倍的增长。

6.3.4 野生采集

2016年，亚洲区域报告显示该地区有机野生采集区域的面积为630万公顷。遗憾的是，我们并没有掌握该地区90%以上的土地利用类型的具体信息。从已知信息来看，野生蘑菇（19.7万公顷）和野生油料作物（近11.9万公顷）是该地区的主要商品。而且，野生水果（近5万公顷）和药用植物（近6万公顷）也扮演着非常重要的角色。印度是该地区有机野生采集区域面积最大的国家，面积达420万公顷，紧随其后的是塔吉克斯坦（100万公顷），然后是中国（80万公顷）。

6.3.5 市　场

我们并未掌握亚洲大多数国家的有机市场数据，但是我们可以假设，有机市场是不断增长的。共有7个国家（少于提供有机数据国家的20%）提供了有机零售额的数据。从已知数据来看，我们可以假设亚洲有机产品的年销售额至少为73亿欧元。就中国而言，其2016年上报的数据显示为59亿欧元，因此成为世界第四大有机产品市场。此外，日本国内的有机市场销售额很高，为10亿欧元（2009年数据）。

6.3.6 数据统计

关于亚洲的更多信息，请参阅图6-1至图6-4。

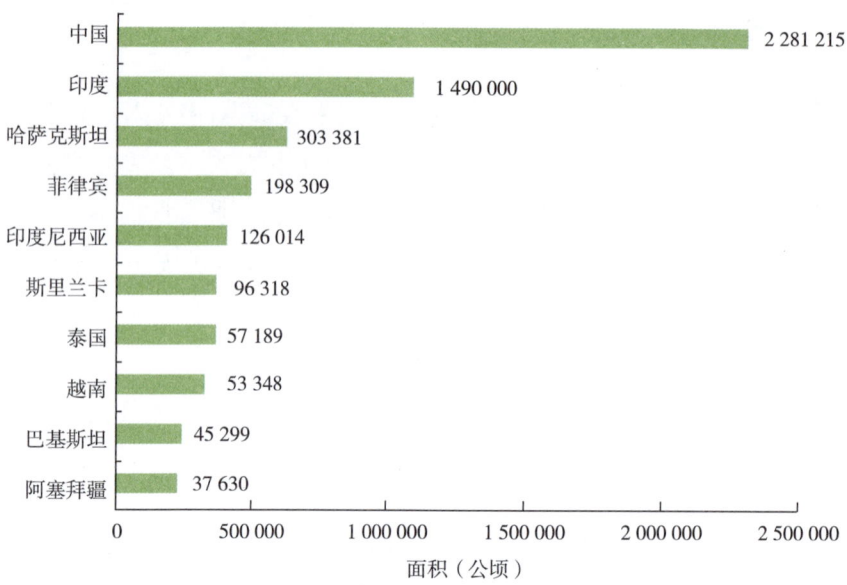

图6-1　2016年亚洲有机面积位列前十位的国家/地区

数据来源：2018年FiBL调查

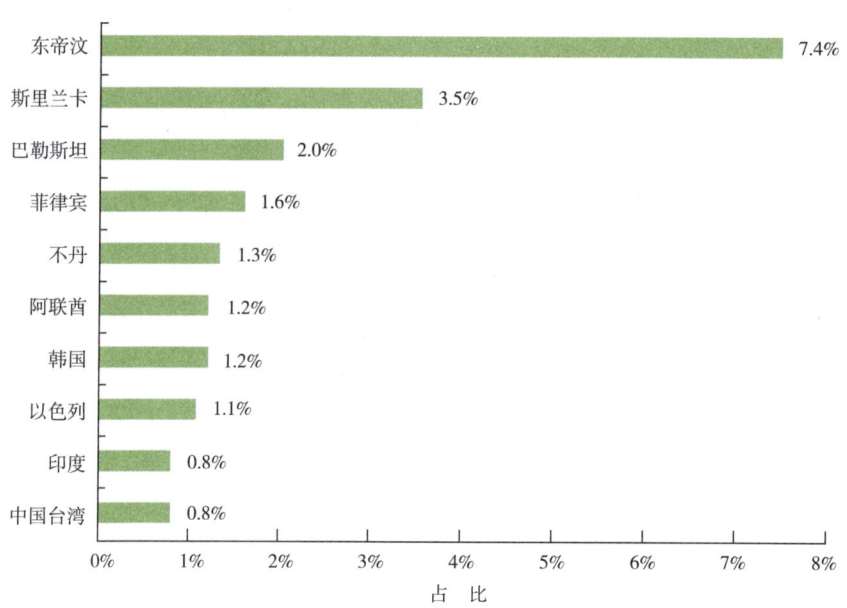

图6-2　2016年亚洲有机农地占比最高的国家/地区

数据来源：2018年FiBL调查

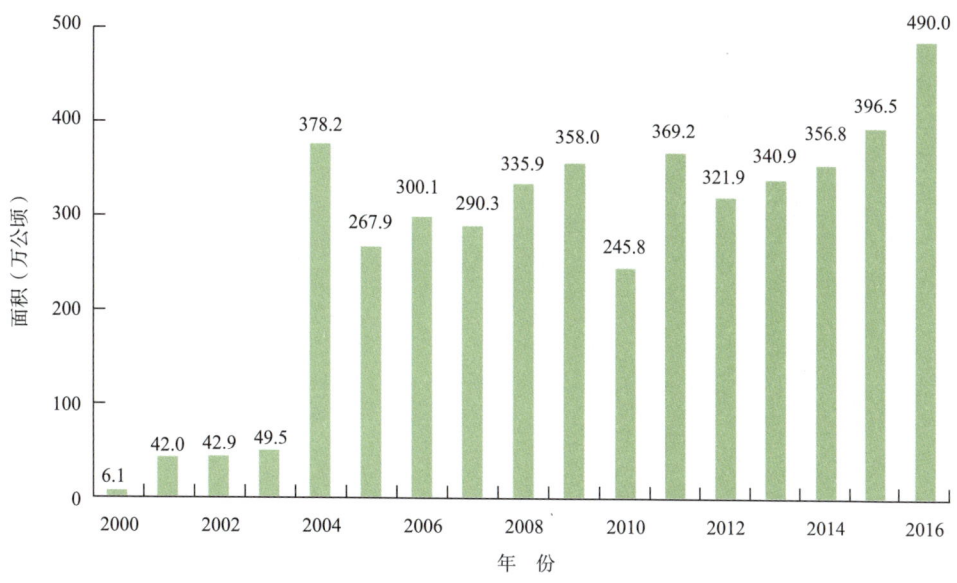

图6-3　2000—2016年亚洲有机农地发展

数据来源：2002—2018年FiBL-IFOAM-SOEL调查

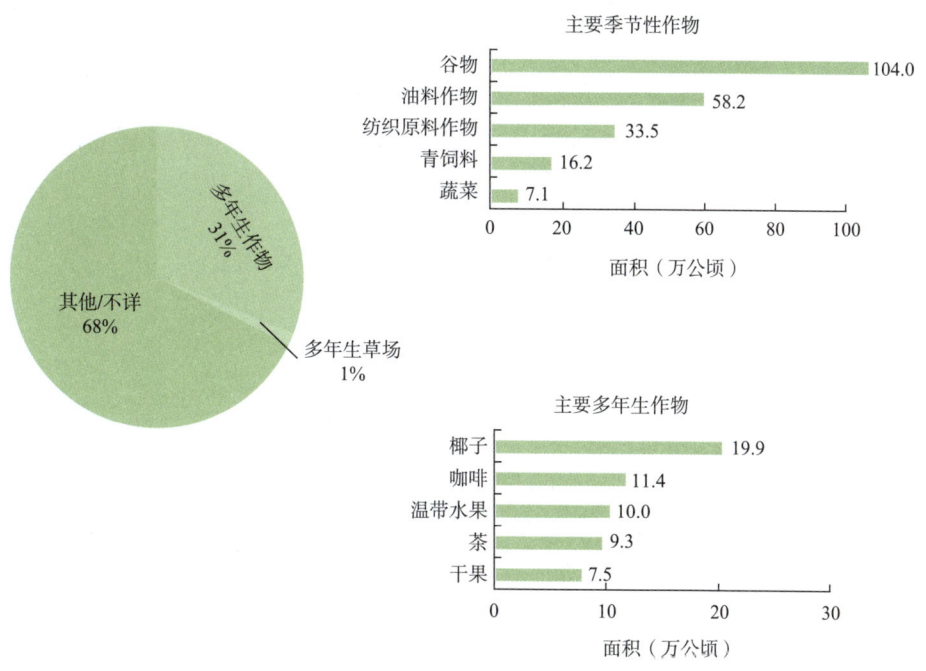

图6-4　2016年亚洲有机农地使用情况

数据来源：2018年FiBL调查

7 欧洲有机农业现状

7.1 欧洲有机农业的前景与发展

2016—2017年，欧洲有机食品和农业部门在有机生产和市场增长方面，以及欧盟食品和农业政策方面持续表现突出。2016年的数据表明欧洲有机食品市场表现出显著增长——增长了11.4%（欧盟增长12.0%）。同时，有机行业也面临着很多挑战，值得注意的是有机生产的增长率持续落后于有机食品市场的动态增长（图7-1）。在欧盟层面的公共政策领域，政策制定者对农业食品领域可持续性问题的关注和兴趣日益高涨，这是有机产业发展的机会，但同时也存在一些挑战。

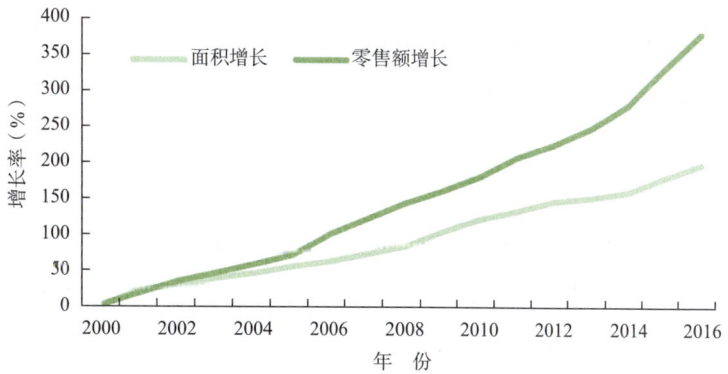

图7-1　2000—2016年欧洲有机面积和零售额的累积增长率情况

数据来源：2006—2018年 FiBL-AMI 的调查

7.1.1 有机行业的欧盟政策和规范架构

2017年，由于欧盟政策和规范架构的改变和发展，欧洲有机食品和农地的发展受到了很大的影响。

7.1.1.1 欧盟有机条例的协商即将结束

2017年，在欧盟委员会提出立法提案4年之后，关于欧盟有机规范综述的协商接近了尾声。基本内容已经通过，但是还将在生产、监管和进口方面进行修订。

生产方面的修订包括：①有机认证产品的范围扩增至棉织物、毛织品、皮革，也包括海盐和其他用于食用与饲料的盐；②允许使用杂交植物繁殖材料；③去除含有或者组成为经工程改造的纳米材料食物。

监管方面的修订包括：①销售有机预包装产品的经营者将免除分销的通知和认证。销售少量未包装有机产品的经营者也可免除分销的认证。②所有的经营者将要接受一年至少一次的现场检查。而对于那些在过去3年的监管中未发现有造假或不符合有机标准的经营者，可以每两年检查一次。

进口方面的修订包括：①进口管理制度的修订将在目前已有的两套系统的基础上进行，但是会给足够的过渡时间来适应新的体系。新的体系只包括和第三方国家的贸易协定及进口国家认可的境外认证机构。②考虑到动植物生产、特定的气候环境、传统和当地的情况，欧盟委员会将有可能授予第三方国家和欧盟最远地区的产品和物资使用的特殊授权。如此特殊授权可能会使得这些地区两年认证一次。

新的欧盟有机法规将从2021年开始实施。但是更加详尽的要求会根据相关欧盟机构的研究讨论结果，在未来两年中逐渐修改和实施。虽然最终版本中已经纳入了许多关于有机行业的建议，但是IFOAM-欧盟仍然认为目前版本的内容差强人意。因此他们呼吁欧盟机构去着手解决依然存在着的关键问题和短板，以确保欧洲有机产业的长期发展（IFOAM EU，2017a）。

7.1.1.2 关于公共农业政策未来的辩论开始

2017年2月，由欧盟委员会发起的一场公共咨询会上，关于2020年后公共农业政策（CAP）未来方向的讨论也正式开始。这也将欧盟委员会在11月发布的关于食物和农耕未来的通告推向了欧盟的其他机构，其中包括欧洲议会和理事会。这次的交流从公众咨询中总结出了许多重要的结论，比如大多数农民和市民都表达出农业政策应该可以在环境和气候变化方面发挥更多的作用，并且可以支持和满足农民持续获得直接收入的需求（ECORYS，2017）。在文件中，委员会简要列出了CAP的未来发展方向，并为下一次改革设定了的三个重要目标：①打造一个富有智慧和有生命力的农业领域；②支持及关注环保和气候行动，并对欧盟环境和气候目标做贡献；③加强偏远地区的社会经济结构。

这次交流强调，CAP的建设应该更加以结果为导向，包括一种新的交付模式，以期在满足欧盟目标的过程中让成员国承担更多的责任。可以预见的是，成员国将制定各自的"CAP战略计划"，并在欧盟委员会和成员国之间商定"切合实际"和"适合"的目标。交流的总体方向是根据委员会目前制定的目标，即将欧盟不同部门的预算支出过渡到更注重结果的2020年的目标。

文件中提供了能够提高改善目前政策的方法和可行性，因此受到了有机行业的肯定。然而，有机行业认为本次交流缺乏一个清晰和共通的落实方法来实现委员会想要将未来的欧盟预算改革过渡为更具可持续的发展模型。特别需要注意的是，IFOAM-欧盟虽然有来自以结果为导向的CAP的压力，但是还是坚持指出政策中没有明确将农民获得的收入支持的数量和他们在农业上能为环境和社会经济做出的贡献联系起来。另外还需要指出的是委员会的未来目标中并没有将可持续农业系统的发展放在首位，例如有机农耕（IFOAM EU，2017b）。在其对2020年后的CAP愿景中，IFOAM-欧盟呼吁农民与市民一起专款专用，即用公共资金为公众谋福利的理念。IFOAM-欧盟坚持认为虽然CAP在过去几十年中取得进展，但可持续发展仍然不是核心政策，导致没能很好地处理农业粮食行业面临的广泛的经济、社会和环境的挑战。根据这样的评估结果，讨论组提出需要引导未来CAP资金的用途，来奖励和鼓励那些愿意为不被主流市场考虑的环境和经济结构做出贡献的农民（IFOAM EU，2017c）。

过去10来年，CAP已然成为欧洲有机农业发展的重要政策。目前，欧盟委员会的数据显示，在CAP 2014—2020年方案指导下，欧盟国家和区域农村发展项目将支持超过1 000万公顷农地发展。目前，有机转换和维护费占欧盟农业支出的1.5%（2014—2020年）。就未来增长来说，这些数据表明，到2020年在CAP政策的指导下，大多数欧洲国家的有机土地面积不会有显著性增长。同时，尽管欧洲有机零售市场呈动态增长，公众咨询结果也显示受访者认为有机农业将会成为CAP改革的重要组成，但有机食品和农业的发展并没有被重视。

关于粮食和农业未来的讨论也紧密连接着欧盟预算的未来，其中CAP占欧盟支出的40%。随后，2017年6月欧盟委员会发布了一份关于欧盟财政的反馈文件（欧盟，

2017），讨论已经全面展开，包括预算的立法提案和2018年下半年的CAP。

政策改革结合2019年新的欧盟委员会和议会预示着接下来几年将会是有机行业与决策者和从事利益相关者合作的关键时期，通过对公共农业政策未来的讨论从而获得对欧洲有机食品和农业发展的支持。

7.1.2 研究项目

国家研究项目或者国家有机行动及欧洲项目都有对有机农业研究的资助。20世纪90年代中期以后，欧盟框架项目已经资助了一些有机农业研究项目。迄今，在目前框架项目（Horizon，2020）中聚焦有机农业的项目已经开始：可耕种的OK-Net Arable，OK-Net EcoFeed，LIVESEED（有机种子和植物育种）。RELACS将在2018年春季启动，该项目主要研究有机农业中有争议的投入品代替物。而一项解决有机农业中动物福利的新项目将在2019年启动。

2016年，在CORE Organic项目下，新项目征集活动开始了。2004年，CORE Organic项目作为委员会ERA-NET方案的一部分启动，旨在国家研究活动和目标之间建立合作，通过协调和合作加强欧洲研究资源的质量、相关性和利用率。

7.1.3 OK-Net：为农民提供知识交换的平台

2016年10月，Horizon 2020资助的OK-Net Arable项目发起了新的知识平台farmknowledge.org，旨在为欧洲农民提供信息交换和分享实际解决方法的平台。该平台有10种语言可以选择，所有的解决方案都是根据有机农地相关的话题进行划分的，如土壤质量和肥力、营养管理、病虫害防治、杂草管理和特殊作物的解决方案。在由欧洲出资的另一个OK-Net Ecofeed平台上，话题将扩展到猪与家禽的有机养殖的工具和解决方案方面。

近年来，农民、科研工作者和其他从事知识交换的行动者所开展的国家和国际会议越来越受到重视。法国的"科技和有机"与瑞士的"有机耕种日"已开展几年。此外，类似的活动也在2017年6月在德国举行。有超过8 000位访客参加了在德国中部卡塞尔附近举办的首个"全国有机农田日"的活动。其中，200多个公司、社会团体和组织展示了他们在有机农业领域可以提供的产品和服务。大部分参展商来自农业工程、投入物和种子/植物繁殖材料的领域。另外还有11个类别，全方位涵盖了从咨询到研究与认证服务，再到畜牧学和市场的展商类型。"有机农田日"为有机农场如何更进一步发展提供了信息，中心主题是有机育种、营养管理、减少耕作，以及农业和自然保育。

7.1.4 Biofach科学日（2017）

2017年2月17日，第五届Biofach科学日在德国纽伦堡世界有机贸易博览会Biofach上举行。这是TIPI（IFOAM科技创新平台）与TP有机（欧洲有机食品和农业的科技平台）联合发起的活动。上午的会议借TP有机十周年的契机，回顾了其所取得的成绩和未来长远发展的策略。参与者有机会向TP有机提出需要优先进行宣传的事项，并且可以同时提出能够提高会员服务质量的建议。TP有机未来发展策略的将以本次会议的讨论结果为基础，并且在有机创新日上进行展示。下午的TIPI会议，主要聚焦在国际合作环境下的有机食品和农业系统的研究缺口。参与者提出了一些简单高效的方法来对会议上传达的观点进行后续追踪。

7.1.5 TP有机

2017年11月15日至17日，TP有机在布鲁塞尔组织了第三个有机创新日。这次活动聚集了有机和传统食品和农业领域的参与者以及政策制定者，共同讨论农业和食品，有机食品和农业，以及其他拓展领域的创新点。2017年的活动包括Horizon 2020项目OK-Net Arable的最终会议。不仅展示了提高有机农业产量的最佳实践，随后也讨论了有机农业的知识交换和创新支持。会议上，TP有机发布了了名为"可持续食品和农业的研究与创新"的立场文件，概述了他们对2021年即将启动的第九届欧盟科研和创新框架项目（FP9）的预期。TP有机呼吁应该将欧盟可持续发展的目标作为下一个框架项目建设构架的基础。FP9应当将欧洲食品和农业系统向更可持续性的方向过渡，在2030年之前应该至少有50%的欧盟农业用地是根据有机和农业生态的标准来进行管理的。因此，农业科研总预算的10%应该要投入有机业。

7.1.6 FiBL-欧洲

2017年7月，FiBL 欧洲以伞式组织的形式在布鲁塞尔成立，该组织代表了瑞士有机农业研究所（FiBL）的5个国家机构。目前FiBL-欧洲的工作重心放在欧洲投入物清单、有机种子和扩繁材料方面的OrganicXSeeds资料库。

7.1.7 可持续食品业和农业的有机发展蓝图

2016年欧洲和欧盟有机农业关键指标见表7-1。欧盟的最新生产情况、市场趋势以及政策发展表明，有机食品和农业在经济和社会运动的可持续发展方面都起到了重要的推动作用。在2017年9月爱沙尼亚塔林的第十一届欧洲有机代表会议上，IFOAM-欧盟发布并展示了"欧洲可持续食品和农业系统的有机发展蓝图"（IFOAM EU，2017d）。此次会议为有机运动、其他农业参与者和政策制定者实现2030年的有机愿景（IFOAM EU，2015）提供了方法，该愿景跨越了三大主题，即"餐桌上的有机""提高、鼓励和传递"及"公平操作—公平支付"。该蓝图邀请所有欧洲及其他地区农业与食品业的参与者逐渐通过他们的日常工作将食品和农业生产过渡至有机和有机。随着发展蓝图的发布，新的平台（EUORGANIC2030.bio）也同时上线，双管齐下来推动和支持振奋人心的有机愿景2030的倡议。

表7-1 2016年欧洲和欧盟有机农业关键指标

指 标	欧 洲	欧 盟	主要国家
有机农地	1 350万公顷	1 210万公顷	西班牙：200万公顷 意大利：180万公顷 法国：150万公顷
有机农地占有率	2.7%	6.7%	列支敦士登：37.7% 奥地利：21.9% 爱沙尼亚：18.9%
2015—2016年有机农地面积增量	845 232公顷	912 746公顷	意大利：增加303 071公顷 法国：增加215 845公顷 德国：增加162 482公顷
2015—2016年有机农地增幅	6.7%	8.2%	冰岛：132% 波黑：72% 马其顿：49%
土地利用	季节性作物：600万公顷 多年生作物：150万公顷 多年生草场：560万公顷	季节性作物：520万公顷 多年生作物：130万公顷 多年生草场：550万公顷	
季节性作物	谷物：230万公顷 青饲料：230万公顷 干豆类：40万公顷	青饲料：210万公顷 谷物：190万公顷 干豆类：40万公顷	法国：80万公顷 意大利：80万公顷 德国：50万公顷

（续表）

指　标	欧　洲	欧　盟	主要国家
多年生作物	橄榄：60万公顷 酿酒葡萄：30万公顷 坚果：20万公顷	橄榄：50万公顷 葡萄：30万公顷 坚果：20万公顷	西班牙：50万公顷 意大利：40万公顷 土耳其：20万公顷
野生采集区域	1 670万公顷	1 430万公顷	芬兰：1 160万公顷 罗马尼亚：180万公顷 保加利亚：90万公顷
有机生产者数量	373 240人	295 123人	土耳其：67 879人 意大利：64 210人 西班牙：34 673人
有机加工商数量	65 889个	62 652个	意大利：16 578个 德国：14 501个 法国：12 826个
进口商数量	4 657个	3 968个	德国：1 598个 瑞士：501个 荷兰：364个
零售额	335亿欧元	307亿欧元	德国：94.78亿欧元 法国：67.36亿欧元 意大利：26.44亿欧元
2015—2016年零售额增长率	11.4%	12.0%	法国：22% 爱尔兰：22% 丹麦：20%
有机市场占有率	无数据	无数据	丹麦：9.7% 卢森堡：8.6% 瑞士：8.4%
年人均消费	40.8欧元	60.5欧元	瑞士：274欧元 丹麦：227欧元 瑞典：197欧元

数据来源：2018年 FiBL-AMI调查

7.2 欧洲和欧盟有机农业和市场发展[①]

本章节是"欧洲有机食品和农业"的更新版本,由IFOAM-欧盟和瑞士有机农业研究所(FiBL)发布在"2016欧洲有机"卷中(Willer 等,2016)。因而本章节和本书中其他章节的数据统计口径不一样。本章节的重点是整个欧洲和欧盟的28个成员国。

欧洲的数据收集,跟世界其他地方的一样,通过多渠道收集信息资源。然而,特别要指出欧盟统计局(欧盟数据办公室)正在不断扩大其在有机农业领域的数据收集工作,有机领域的大部分数据,畜牧业和经营者的数据都来自欧统局。欧统局的农业数据可在以下网址获取:

ec.europa.eu/eurostat/web/agriculture>Database>Organic farming

ec.europa.eu/eurostat/statistics-explained/index.php/Organic_farming_statistics

本节的市场数据,来自私人部门、市场调研公司或者数据统计部门。

2016年欧洲和欧盟的有机部门的发展特点有两个趋势。一方面,市场再次显示两位数的增长率(欧洲11.4%,欧盟12%)。另一方面,有机农地的增长率仍然比市场的有机增长率慢,但比往年快得多(欧洲6.7%,欧盟8.2%)。多年来,市场的增长速度比面积增长快,表明生产仍然赶不上消费者需求。

7.2.1 生产和市场亮点

2016年,欧洲有1 350万公顷的有机土地(欧盟1 210万公顷)。西班牙的有机面积超过200万公顷,仍然是欧洲最大的有机地区,其次是意大利(180万公顷)和法国(150万公顷)。

欧洲和欧盟的有机土地增加了近100万公顷,增长比例欧洲为6.7%,欧盟为8.2%。增长率高于2015年,同时也大大高于近几年。在2007—2016年中,有机农业用地增加了2/3。

欧洲的有机农地占农业用地总面积的2.7%,欧盟占6.7%。从欧洲(和全球)来看,列支敦士登拥有所有农田的最高有机份额(37.7%);其次是奥地利,在欧盟国中的农业土地的有机份额最高(21.9%)。

欧洲有37万多名有机生产者(欧盟有近30万名),其中数量最多的是土耳其(近6.8万名)和意大利(超过6.4万名)。与此同时,2016年欧洲生产者的数量增长7%(欧

---

① 本节作者为Helga Willer、Diana Schaack、Julia Lenoud

盟为10%）；2007—2016年，欧洲有机生产者数量增长了76%，欧盟增长了58%。

欧洲有近6.6万家有机加工商，欧盟有近6.3万家。欧洲登记在册的进口商近4 700个，而欧盟近4 000个。进口商的增长尤其强劲，欧洲和欧盟都呈两位数字的增长。加工商数量最多的国家是意大利（近1.7万家），而德国进口商最多（近1 600个）。

欧洲有机零售额估值为335亿欧元（欧盟为307亿欧元）。欧盟是仅次于美国的世界第二大单一有机产品市场。

欧洲有机市场的增长率为11.4%（欧盟为12%），这是自金融危机以来零售销售第二次显示出两位数的增长率。在主要市场中，法国的增长率（22%）最高。2007—2016年，欧洲和欧盟的市场交易额均翻了一番。

欧洲消费者2016年人均花费41欧元购买有机食品（欧盟为61欧元）。2007—2016年，人均有机食品消费支出翻了一番。而瑞士人在有机食品上的花费最高（2016年人均274欧元）。

在全球范围内，欧洲国家在其各自的食品市场中的有机食品销售额占有最高份额。而丹麦拥有最高的有机市场份额（9.7%）。

7.2.2 有机农业用地

7.2.2.1 有机农业用地

2016年，欧洲有机农耕占地1 350万公顷，而欧盟近1 210万公顷。欧洲几乎90%有机农地分布在欧盟。有机农地面积最大的国家有西班牙、意大利、法国、德国和波兰；欧洲一半的有机农田在这些国家（图7-2，图7-3）。将近1/4的世界有机农地在欧洲。

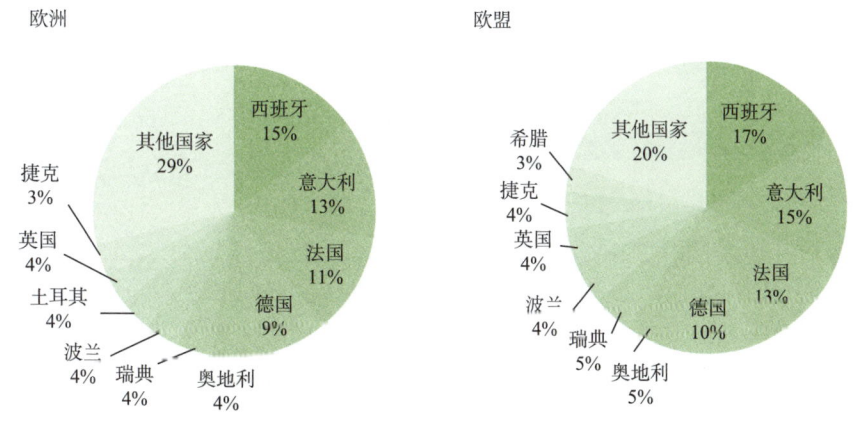

图7-2　2016年欧洲各国有机农地分布情况

数据来源：2018年 FiBL-AMI调查

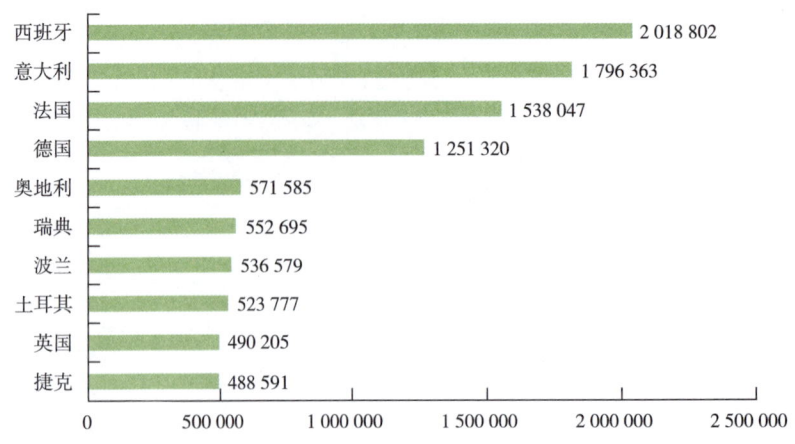

图7-3 2016年欧洲有机农地面积位列前十位的国家/地区

数据来源：2018年 FiBL-AMI调查

7.2.2.2 有机农地在总农业用地的占比

欧洲有机农业用地的占比是2.7%，而欧盟是6.7%。在9个国家（其中7个为欧盟国家）中，10%或更多农业用地是以有机的方式经营管理的（图7-4）。拥有最高有机占比的国家是列支敦士登（37.7%）、奥地利（21.9%）、爱沙尼亚（18.9%）和瑞典（18.0%）。而列支敦士登是世界上有机农地比例最高的国家。

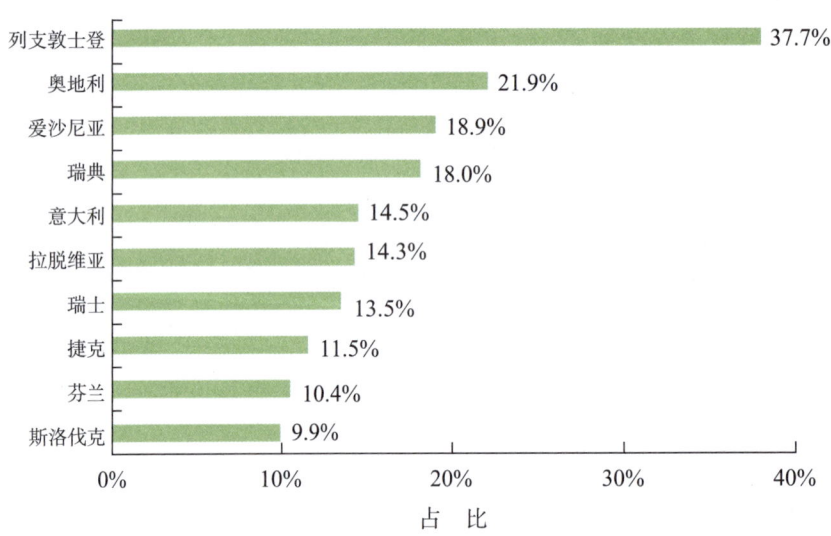

图7-4 2016年欧洲各国有机农地占比位列前十位的国家/地区

数据来源：2018年 FiBL-AMI调查

7.2.2.3 有机农地的增长

2016年，欧洲有机农业用地增加了845 232公顷（欧盟增加了912 746公顷），或者说欧洲有机农地增长了6.7%（欧盟8.2%）。这一增长率与2015年的增长比例相近，但是远远高于2011—2014年的增长（图7-5，图7-6）。据一位国际认证者的报告分析，由于俄罗斯有机农地的大幅减少，欧洲的绝对增长是低于欧盟的。

意大利和法国有机农地面积增长最多，两个国家总面积超过50万公顷（图7-7），而相对增长最多的国家是冰岛、波黑和马其顿，增长率均至少为50%。然而，也有一些国家的有机农地面积出现了停滞或只有少量增加的情况，如卢森堡和捷克。一些国家，有机农地面积减少，如希腊、波兰、罗马尼亚和俄罗斯。

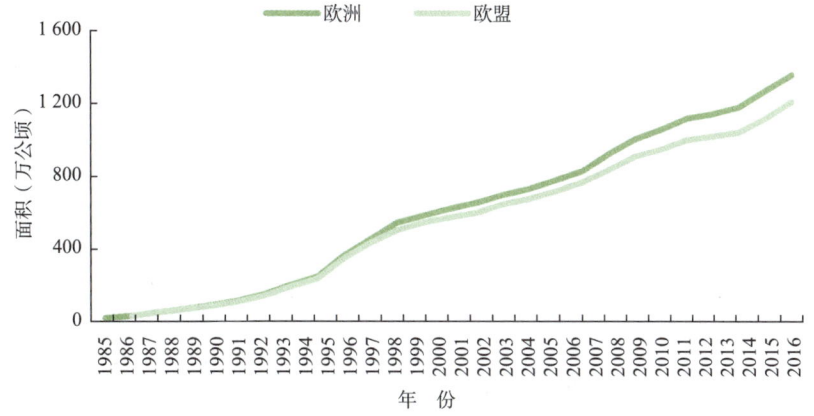

图7-5　1985—2016年欧洲和欧盟有机农地面积发展

数据来源：2006—2018年 FiBL-AMI调查

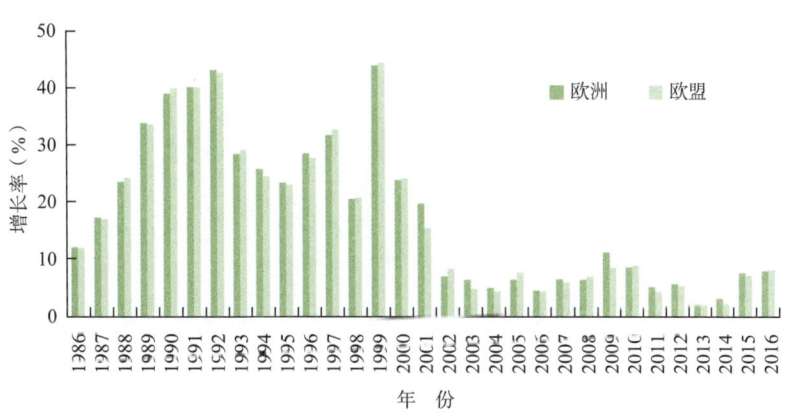

图7-6　1986—2016年欧洲和欧盟有机农地增长率

数据来源：2006—2018年 FiBL-AMI调查

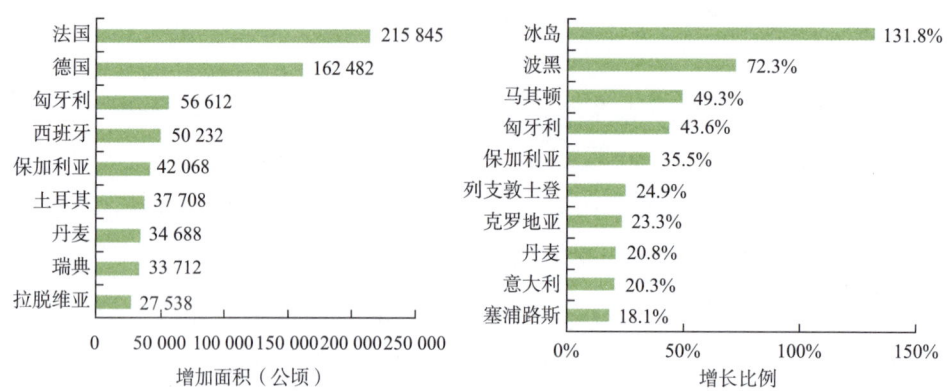

图7-7 2016年欧洲有机农业用地面积和比例增长最高的10个国家/地区

数据来源：2006—2018年 FiBL-AMI调查

7.2.2.4 转换期有机农地情况

大多数国家提供了关于其完全转换和转换期内农地的数据，但是有些国家没有收集详细信息，如奥地利、德国和瑞士。

欧洲有1 350万公顷的有机农业用地，其中810万公顷已经完成转换（730万公顷在欧盟），320万公顷在转换期内（290万公顷在欧盟）。这意味着在不久的将来，有机产品的供应量将会增加（图7-8）。

欧洲和欧盟的转换期农地面积增加了1/3的事实也验证了这一趋势。就国家而言，欧洲转换期土地面积较大的国家是西班牙（619 069公顷），意大利（594 522公顷），法国（483 058公顷）和土耳其（144 735公顷）。

在季节性作物和多年生作物中，谷物（转换期内约50万公顷）、橄榄（15万公顷）和干豆类（近10万公顷）的供应量预计会有增长。

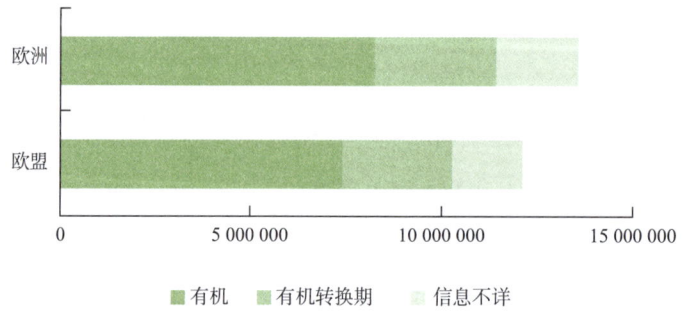

图7-8 2016年欧洲和欧盟有机土地的转换情况

数据来源：2018年 FiBL-AMI调查

7.2.3 有机农业的土地利用和种植的作物

7.2.3.1 土地利用

欧洲所有国家的土地利用和作物信息都是可获取的。在这个层面上，欧洲和世界上其他国家（其数据经常不可获取）有很大不同。自2004年后，这部分地区的所有土地利用的类型呈稳定性增长。

图7-9表明季节性作物用地构成了欧洲有机土地的大部分区域，面积为600万公顷，而欧盟是520万公顷（分别占有机农地的44%和43%）。欧洲的多年生草场占地560万公顷，欧盟为550万公顷。多年生作物占有机农地面积的11%，欧洲和欧盟地区面积分布分别为150万公顷和130万公顷。

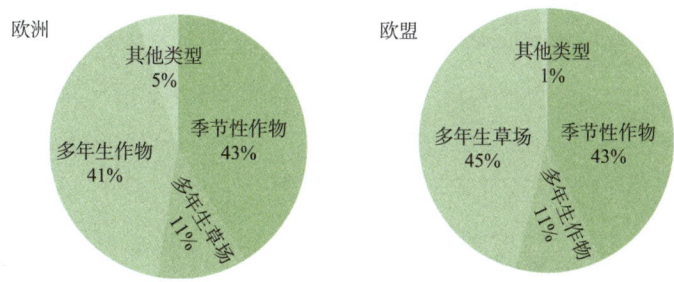

图7-9　2016年欧洲有机土地利用的分布情况

数据来源：2018年 FiBL-AMI调查

2015—2016年增长最快的土地利用类型是多年生作物用地面积（欧洲和欧盟的增长分别为9%和6%），同时，季节性作物用地面积欧洲增长7%，欧盟增长11%（图7-10，图7-11）。

此外，2007—2016年，多年生作物的面积实现了超过一倍的增长，增长幅度高于季节性作物和多年生草场的增长幅度（图7-10，图7-11）。

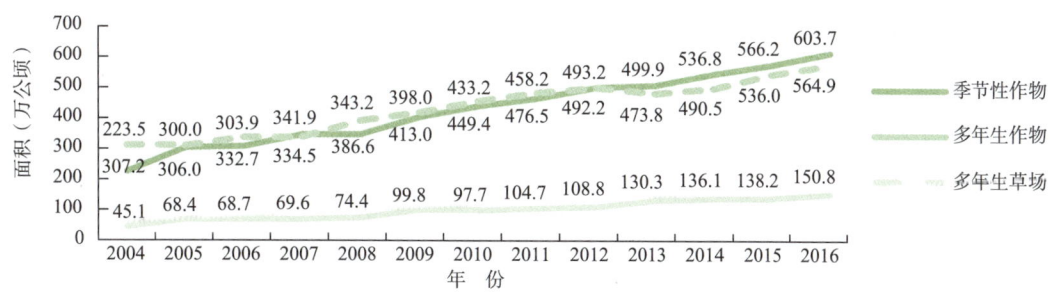

图7-10　2004—2016年欧洲有机农业土地使用类型的增长情况

数据来源：2006—2018年 FiBL-AMI调查（基于各国和欧统局数据）

图7-11 2004—2016年欧盟有机农业土地使用类型的增长情况

数据来源：2006—2018年 FiBL-AMI调查（基于各国和欧统局数据）

在国家方面，多年生草场或牧区面积最大的国家是西班牙，面积超过100万公顷，德国和法国紧随其后。此外，农田（即季节性和多年生作物用地）面积最大的国家是意大利（120万公顷），其次是西班牙（100万公顷），然后是法国（90万公顷）（图7-12）。

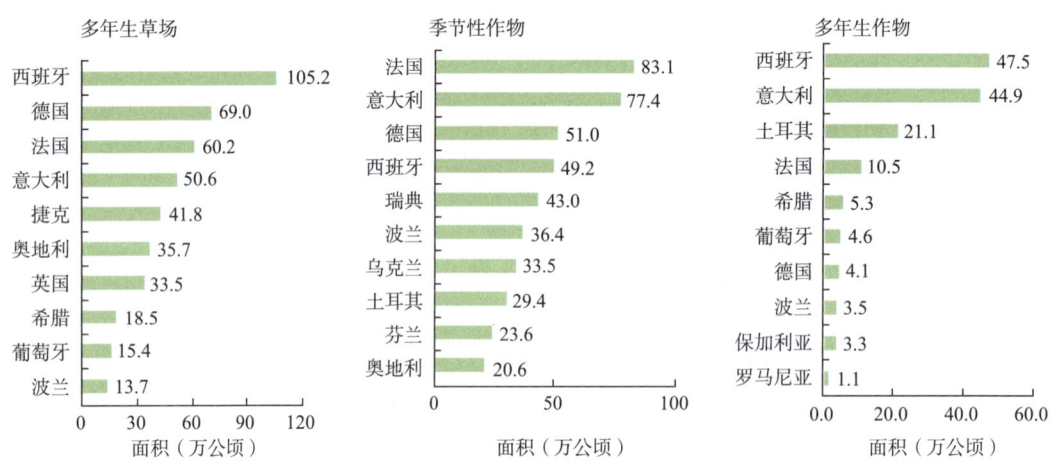

图7-12 2016年欧洲有机农业土地利用前十位国家的情况

数据来源：2018年 FiBL-AMI调查（基于各国和欧统局数据）

7.2.3.2 有机农业种植的作物情况

欧洲和欧盟种植的主要季节性和多年生作物与作物群组。

（1）可耕地

很大一部分有机耕地（欧洲600万公顷，欧盟550万公顷）用于谷物生产和青绿饲料种植。从有机占比角度来看,种植最多的作物是干豆类;在欧盟地区,干豆类占种植总面积的1/5。干豆类和蔬菜的迅速增长,反映出欧洲有机农民正在为满足市场(如蔬菜和粮食)的需求而努力。2007—2016年,干豆类的增长最快,超过两番(图7-13)。

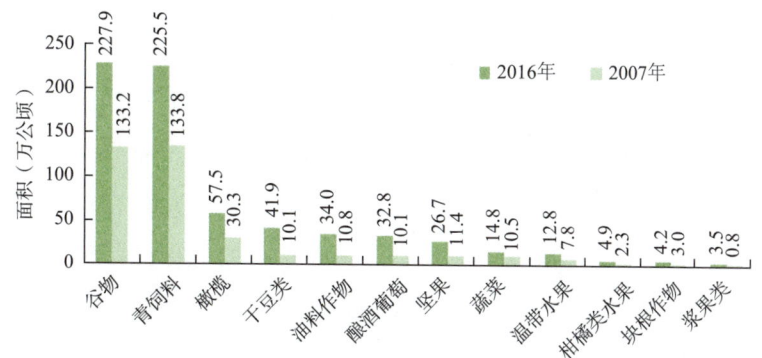

图7-13　2007年与2016年欧洲季节性和多年生作物的种植情况

数据来源:2018年 FiBL-AMI调查

在欧洲,种植面积最大的作物群组为谷物,种植面积为230万公顷,占总谷物种植面积的1.7%。而谷物在欧盟为第二大作物群体,种植面积为190万公顷,占总谷物种植面积的3.3%。小麦是最重要的谷物(90万公顷),约占总谷物种植面积的50%。意大利(约30万公顷,包括大面积的硬质小麦)、德国(约24.2万公顷)和法国(约21.7万公顷)拥有最大的谷物产区。有机谷物面积占比最高的国家是奥地利(13.5%)、瑞典(10.5%)和爱沙尼亚(9.8%)。欧盟之外,乌克兰、土耳其和俄罗斯是主要的谷物生产国家。

欧盟地区,青饲料是种植面积最大的季节性作物,面积为210万公顷(欧洲230万公顷)。苜蓿、青饲玉米及耕地上生长的禾本科草是主要的作物类型。

2016年欧洲有机蔬菜种植的面积约15万公顷,其中欧盟的种植面积超过13.5万公顷,分别占其蔬菜种植总面积的2.9%和5.8%。虽然蔬菜种植面积在2016年的增长速度最快,但是2007—2016年,其增长速度无法与其他作物组相比。推其原因,蔬菜是有机农业的先锋作物之一,在之前的几十年中已经历过强劲的增长。最大的蔬菜种植国家是意大利(43 648公顷)、法国(18 064公顷)和西班牙(17 013公顷)。有机较高有机蔬菜占比的国家是丹麦(28%)和奥地利(20%)。

欧洲有机干豆类的种植面积为42万公顷,占所有干豆类种植面积的8.2%;其中欧盟为38万公顷,占欧盟所有干豆类种植面积的17.9%。由于全球已有不同的低价蛋白质作物,例如,黄豆可以为动物饲料和消费者提供蛋白质并且容易获取,导致传统的农作物面积连续多年减少。干豆类作物的强劲增长以及它们有机占比较高的份额也反映了欧洲有机农民努力提高土壤肥力，并减少对蛋白质作物进口的依赖。干豆类种植面积最大的国家是法国（85 827公顷）、波兰（55 968公顷）和意大利（43 986公顷），但拥有最高有机干豆类作物份额的国家是奥地利（58%）、意大利（44%）和丹麦（40%）。

（2）多年生作物

很大一部分的多年生作物用地（欧洲150万公顷，欧盟130万公顷）用于种植橄榄、葡萄和坚果。橄榄的种植面积占多年生作物种植面积的1/3，葡萄占1/5。2007—2016年，葡萄的种植面积增长最多，增长达3倍（图7-13）。大多数多年生作物的有机份额高于季节性作物；然而，需要特别指出的是，将联合国粮食及农业组织（FAO）的数据与有机数据相比，我们发现有机数据中未列出有机农业中所种植的所有浆果或坚果种类，因此数据分析时的直接数据对比不适用。

一半的多年生作物用地用于种植橄榄（57万公顷）和葡萄（33万公顷）。两者的有机占比几乎达到了各自种植总面积的10%。西班牙和意大利的有机葡萄种植面积均超过10万公顷，并达到了最高的有机份额（除了一些少数的有机葡萄生产国家，如英国或比利时能够达到更高的有机占比外）。意大利有机葡萄种植占比为15.5%，而西班牙是11.6%。对于橄榄来说，种植面积最大的国家是意大利（222 453公顷），其次是西班牙（196 567公顷），而法国则拥有最高的有机占比（27%）。面积增长最多的国家是意大利，在2016年有机橄榄的面积增加了4万多公顷。

欧洲的有机温带水果种植面积为127 749公顷（欧盟为105 296公顷），占温带水果种植总面积的4.6%（欧盟为8.1%）。欧盟国家有相当数量的土地专门用于温带水果的种植（如波兰的苹果和波罗的海国家的浆果）。最重要的水果是苹果（458 80公顷）、李子（12 882公顷）和樱桃（10 227公顷）。波兰的苹果（主要用于生产浓缩果汁）和来自波罗的海国家的浆果用于欧洲各地的果汁或酸奶。最大的温带水果生产国是意大利（22 378公顷），其次是波兰（18 616公顷）；最高的有机占比在奥地利（53%），其次是拉脱维亚（39.2%）。

7.2.3.3　更多的有机区域

除了有机农地以外，欧洲和欧盟地区还有其他的有机种植区域。其中，面积最大的就是野生采集区域，欧洲为1 670万公顷，欧盟为1 430万公顷。欧洲（以及全世界）最大的野生采集地区位于芬兰，面积为1 160万公顷（主要是浆果类）。

7.2.4 有机畜禽

到目前为止,有机畜禽的相关统计资料尚不完整,因此也无法全面分析整个行业的现状。但是,根据现有的所有课的信息来看,欧洲国家有机畜禽行业正处于快速发展阶段。在许多国家中,有机畜牧业的发展都始于牛肉、羊肉和牛奶的生产。欧洲共有牛属动物390万头、绵羊460万只、猪100万头,另外家禽4 600万只。

7.2.4.1 欧洲畜禽生产的有机占比

与动物牲畜总量相比,欧洲有机畜禽的占比很小(0.5%~5.7%,取决于牲畜种类)。单胃动物(猪和家禽)所占的比例最小,这部分归因于当地有机饲料供应不足,可追溯认证的饲料进口困难,猪棚和猪圈的高投入,以及消费者需要支付较高的价格溢价。比例最高的动物为有机绵羊和牛,因为这些生产项目更易转换成有机。

7.2.4.2 有机畜禽的增长幅度

2007—2016年(特别是2015—2016年),数量增长最多的是家禽(增长131%),其部分原因是对鸡蛋的高需求。同期菜牛和奶牛的数量也出现了大幅增长(增长68%),猪(增长55%)和绵羊(增长34%)增长率也较高。

7.2.4.3 各类别有机畜禽的统计数据

牛属动物(欧洲有390万头),数量最多的是法国(573 623头),其次是德国(410 500头)及奥地利(404 648头)。有机占比最高的国家是列支敦士登(26%),其次是拉脱维亚(24%)、奥地利(21%)和瑞典(20%)。

绵羊(共460万头),存栏量最高的国家为英国(841 110头)和意大利(785 170头)。有机份额最高的国家是爱沙尼亚(47%)和捷克(46%)。

根据目前可得的数据,猪(992 752头),存栏量最高的国家为德国(118 000头)、丹麦(66 000头)和法国(63 000头)(国家数据为针对育肥猪的平均存栏量)。

家禽,由于定义不同,我们认为国家层面上的数据没有可比性的(见7.2.4.4解释)。

7.2.4.4 猪和家禽的数据统计仍是一个挑战

就猪和家禽而言,官方统计数字中,在引用"畜禽数量"一词时,未明确指出数据的意义,即未详细说明指代的为该年度屠宰动物的数量,还是屠宰地点或剩余动物平均数量。因此，所有国家猪和家禽总数量的数据都不一定是准确可靠的。所以，此处所示的数据应该看成该区域的近似情况分析。

7.2.4.5 有机牛奶

有机牛奶生产是欧洲所有国家都有良好覆盖率的生产相关指标之一。自2007年以来，为满足不断增长的牛奶和乳制品的需求，有机牛奶的产量已经增长了约1倍。目前，有机奶牛的产奶量为440万吨（欧盟为410万吨），超过欧洲2016年奶牛产奶量的2.8%。但是，部分增长要归因于数据可用性的提高（图7-14）。

图7-14　2006—2016年欧洲和欧盟有机牛奶生产的发展情况

数据来源：2009—2018年 FiBL-AMI 调查

7.2.5　生产者、加工商、进口商和出口商

几乎所有国家的有机生产者的数据都是可以获取的，但是加工商和进口商的情况却很难收集。虽然数据的可用性在持续改善，但在过去几年中仍然不可能为后面的几组数据提供全面的信息。

7.2.5.1　有机生产者

2016年，欧洲有机生产者的数量超过37万人，欧盟的数量将近30万人。在欧盟，有机生产者数量最多的国家是意大利（超过6.4万人）（图7-15）；在欧洲，有机生产者数量最多的国家是土耳其（将近6.8万人）（图7-15）。与2015年的增长率相比，有机生产者数量2016年的增长率更高（欧洲增长7%，欧盟增长10%）。2007—2016年，欧洲有机生产者的数量增加了76%（欧盟增加了58%）。从世界范围来看，欧洲有机农民的数量占14%（图7-16）。

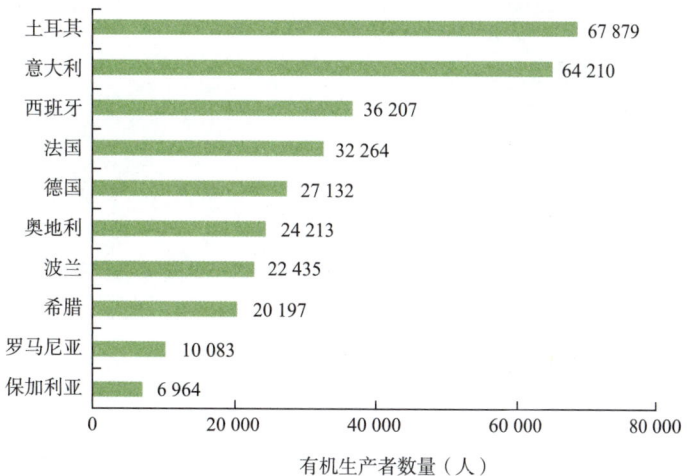

图7-15　2016年欧洲有机生产者位列前十位的国家/地区

数据来源：2018年FiBL-AMI调查（基于国家数据来源和欧统局）

图7-16　2000—2016年欧洲和欧盟有机生产者的发展情况

数据来源：2006—2018年FiBL-AMI调查（基于国家数据来源和欧统局）

7.2.5.2　有机加工商和进口商

2016年，所有欧洲国家加工商和进口商的数量均实现了增长。欧洲加工商的数量达6.6万个（欧盟将近6.3万个），进口商数量达4 700个（欧盟将近4 000个）。进口商数量增长最多。加工商数量最多的国家是意大利（近1.5万个），进口商最多的国家是德国（1 500个）（图7-17）。

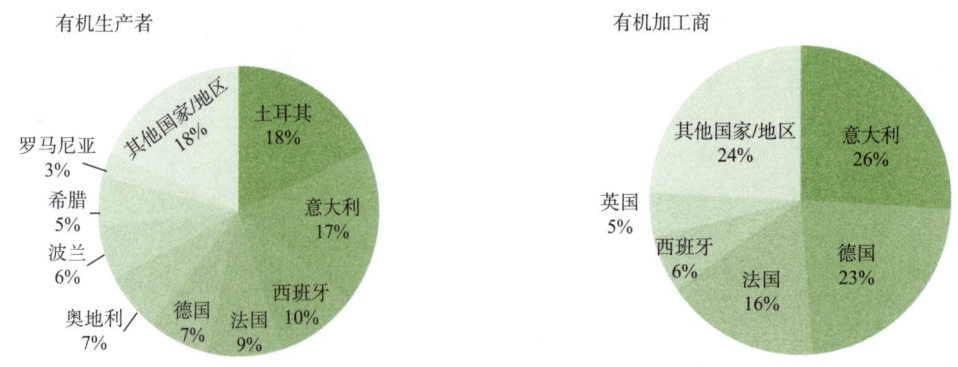

图7-17 2016年欧洲各国有机生产者和加工商的分布

数据来源：2018年FiBL-AMI调查（基于国家数据来源和欧统局）

7.2.6 有机产品零售

2016年，欧洲有机市场零售额达到335亿欧元（欧盟307亿欧元）。然而并不是每个国家都能定期提供其国内市场的数据，因此可以估计实际的市场要更大。

7.2.6.1 有机市场的规模

德国仍然是欧洲最大的市场（零售额95亿欧元）（图7-18），其销售额仅次于美国，是世界第二大有机市场。法国是欧洲第二大有机市场（零售额67亿欧元）。以单一市场为基础，将全球有机市场进行对比的结果表明，美国在全世界占据主导地位：该国的有机产品的零售额占据全球总额的47%（零售额389亿欧元），其次是欧盟（零售额307亿欧元，占全球的37%）。

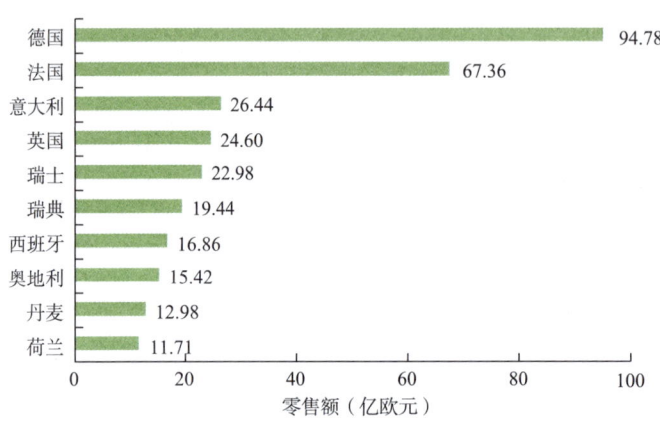

图7-18 2016年欧洲有机零售额位列前十位的国家/地区

数据来源：2018年FiBL-AMI调查

以各大洲为基础，将零售额对比的结果表明，全球的最大市场为北美洲（零售额419亿欧元）（图7-19）。请注意，受汇率波动，与2014的数据相比，出现了单一市场/大洲这一变量的重要转换。

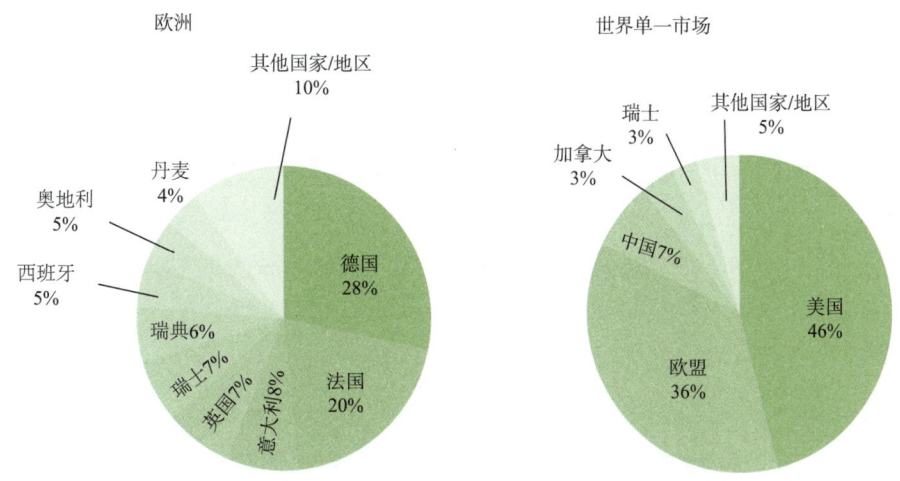

图7-19　2016年欧洲与世界范围内各国单一市场的零售分布

数据来源：2018年FiBL-AMI调查（基于各国数据）

7.2.6.2　有机市场的增长

2016年，欧洲有机市场零售额增长率约为11.4%，欧盟增长率为12%。这是自2008年金融危机以来欧洲经济在总体上第二次实现两位数增长。2007—2016年，有机市场的规模实现了超过一倍的增长（图7-20）。

在全新可用数据所涵盖的所有国家中，许多国家的增长率都达到了两位数，其中法国（欧洲的第二大市场）和爱尔兰增长迅速，增长率达到20%以上（图7-21）。欧洲的最大市场德国再次显示强劲增长，增长率达10%。此外，北欧国家也表现出强势增长，其中丹麦和挪威并列第一，增长率均为20%。

在英国，虽然其零售近几年来始终在下降，但是也实现了连续5年的增长（2016年增长率为7.1%）。

2017年，许多欧洲国家的市场都出现了两位数字的增长。

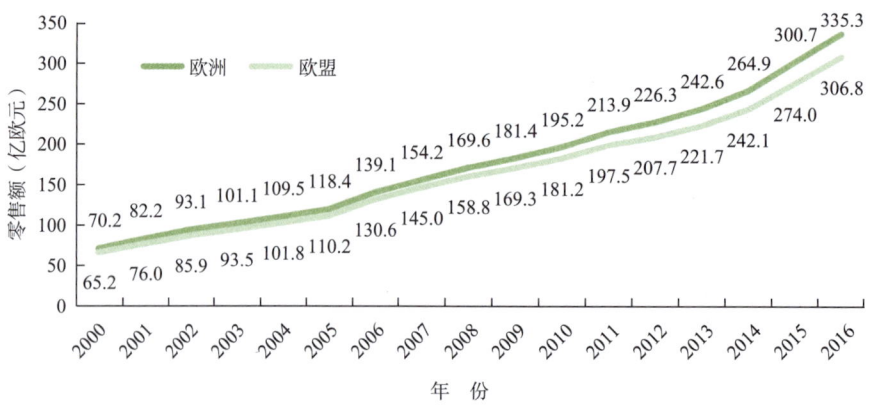

图7-20　2000—2016年欧洲和欧盟有机零售额的发展情况

数据来源：2004—2018年FiBL-AMI调查和2013—2015年有机数据网络调查

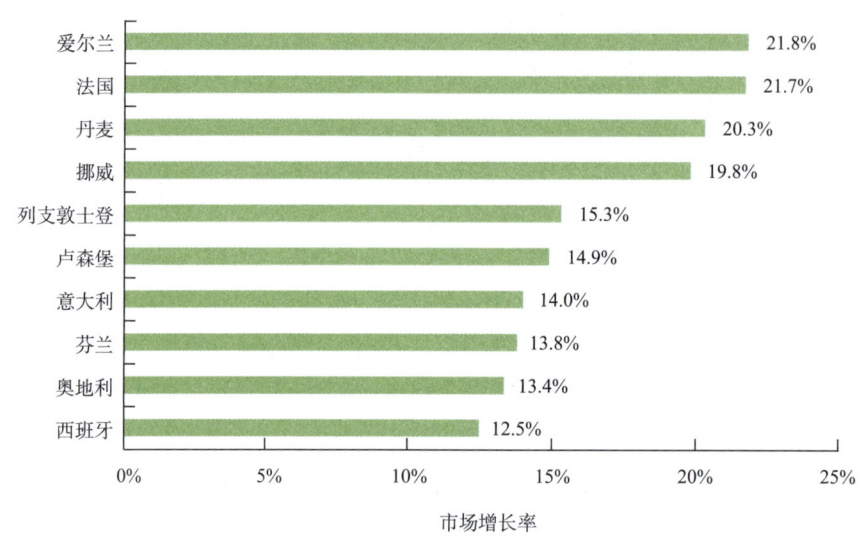

图7-21　2016年欧洲有机市场增长率最高的国家/地区

数据来源：2018年FiBL-AMI调查

7.2.6.3　有机食品的人均消费

与往年一样，2016年有机食品人均消费量最高的是瑞士（274欧元），其次是丹麦（227欧元）、瑞典（197欧元）和卢森堡（188欧元）（图7-22）。2016年，共有8个国家的人均消费超过了100欧元。

2016年人均消费的显著增长（图7-23）显示了消费者对有机食品的兴趣也在持续增长。2016年欧洲人均消费已上升至40欧元，而欧盟则在60欧元以上。

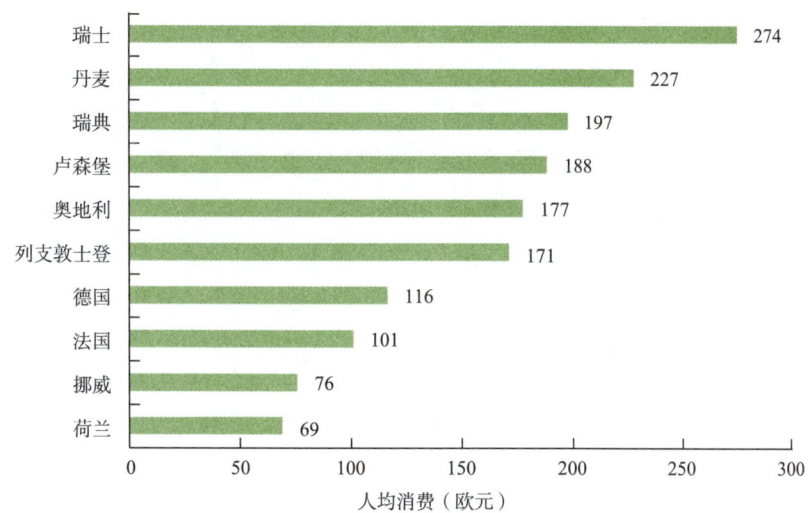

图7-22 2016年欧洲人均消费有机食品最高的10个国家/地区

数据来源：2018年FiBL-AMI调查（基于国家数据来源和欧统局）

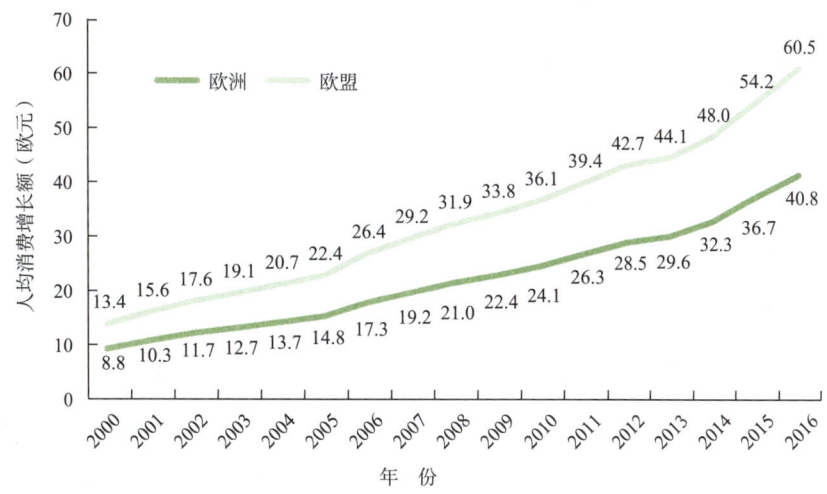

图7-23 2000—2016年欧洲和欧盟有机食品人均消费增长

数据来源：2018年FiBL-AMI调查

7.2.6.4 有机市场份额

有机市场在所有零售市场中的份额是衡量既定国家有机市场重要性的一项重要指标。与过去一样，2016年市场份额最高的国家是丹麦（9.7%）、卢森堡（8.6%）和瑞士（8.4%）（图7-24）。事实上，许多国家的食品市场总体并未实现增长，而且在许多情况下，食品的价格还在下降，这使得有机市场的份额迅速增长。单一产品的市场份额可能更高。由于欧洲或欧盟在整体上来说没有零售额的相关数据，因此我们也无法计算其有机市场的整体份额。

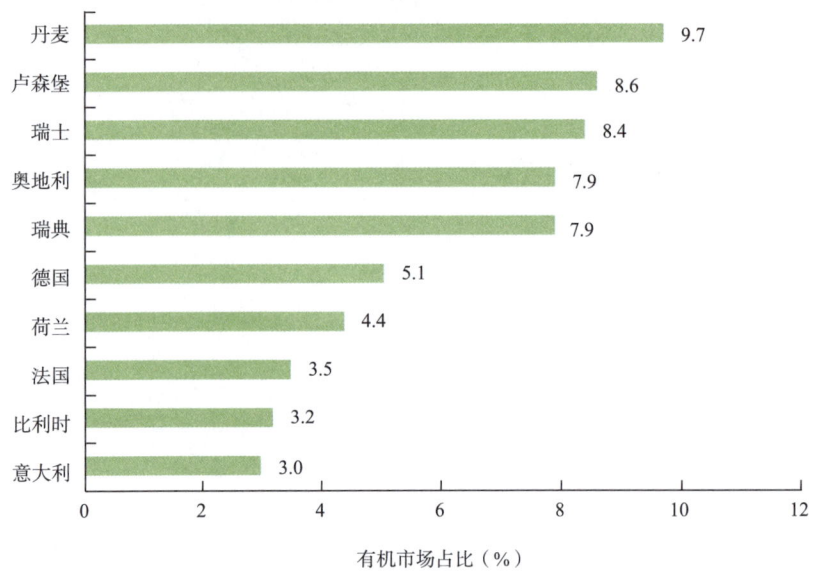

图7-24　2016年欧洲有机市场占比最高的10个国家/地区

数据来源：2018年FiBL-AMI调查（基于国家数据来源）

7.2.6.5　整体市场有机产品和产品组的对比

虽然有机市场的份额是一个重要的指标，但单一产品拥有的有机市场份额也是相当重要的。

对于许多国家而言，有机鸡蛋是整个零售市场中的成功案例之一。瑞士、瑞典和法国的市场份额（价值）超过20%。

有机水果和蔬菜继续成为最受欧洲有机消费者欢迎的有机产品。除有机鸡蛋以外，有机蔬菜的市场份额最高，瑞士、奥地利、瑞典和德国有机蔬菜的销售份额超过10%。比如说，以新鲜的胡萝卜或新鲜的南瓜为例，德国的市场份额几乎达到30%。

在瑞典和瑞士，有机乳制品的市场份额已超过10%。

单一产品也可以达到更高的市场份额。有机婴儿食品（在德国的市场份额超过40%）或有机肉类替代品（在德国的市场份额达46%）都是很好的例子。

另一方面，在许多国家中，有机饮品（葡萄酒除外）和肉类（尤其是家禽）等产品的市场份额较低。在传统市场中，这些产品通常都经过过度加工且价格非常便宜。另一个因素还在于，许多有机消费者都倾向于少吃肉或者不吃肉。

7.2.6.6 有机农业的营销渠道

现在,一些国家有能力通过营销渠道来提供他们的零售额的详细分析数据。而且有些国家甚至还可以通过产品和营销渠道来提供细分数据。一些国家提供了餐饮销售数据,还有一些国家提供了他们的直接影响和箱式服务计划。我们已在尽可能的情况下将餐饮销售额的数据从总体有机市场数据中删除。

图7-25显示了不同国家中不同营销渠道的重要性。过去,对于一般零售业表现较为强势的国家(如奥地利、丹麦、瑞典、瑞士和英国)而言,他们的有机市场也会表现出稳定增长。但是,金融危机展现出人们对超市强烈依赖的危险。在危机爆发后的几年中,英国的市场衰退,德国的一般零售业普遍销售停滞,但是专卖渠道市场却表现出持续的增长。法国和意大利是市场增长强劲的典范,而且虽然专卖零售商的重要性在下降,但是他们依然在其中发挥了非常重要的作用。

在德国,市场进入了一个过渡期。虽然专卖零售商正面临着越来越大的竞争压力,但是超市依然成为市场发展的动力所在。2014年33%的有机产品销往有机食品商店,这一数字在2016年降至30%。2016年有58%的有机食品被普通零售商出售。

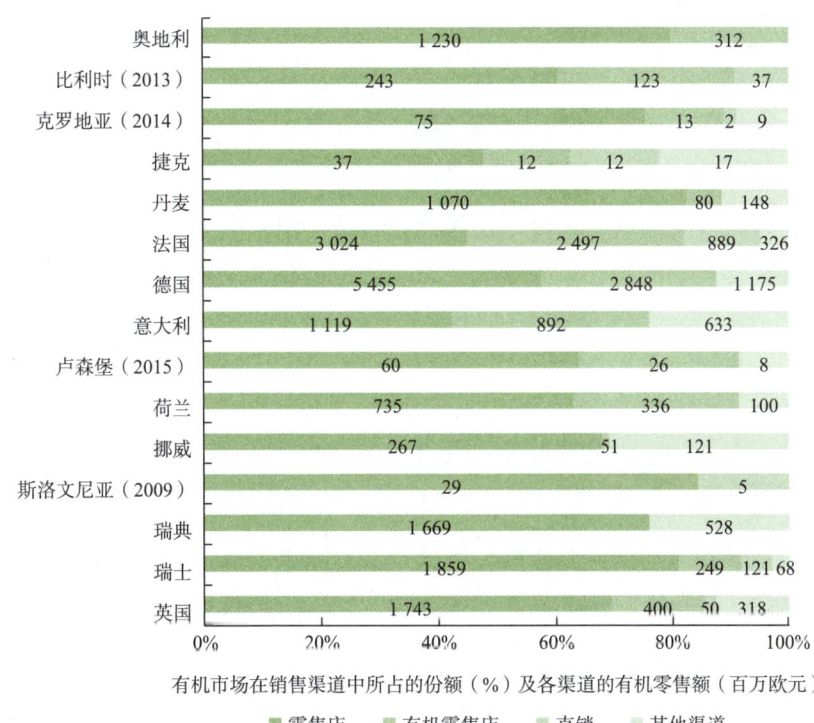

图7-25 2016年欧洲部分国家有机产品的销售渠道

数据来源:2018年FiBL-AMI调查

7.2.7 总 结

当前欧洲及全球有机农业和市场相关的可用数据表明,欧洲有机产业在国际环境下处于良好的发展状态。相对较高的农地占比、面积和运营商数量的持续增长及市场的快速增长,均表明了欧洲市场发展的卓越动力。

对于许多国家而言,现在市场的增长速度快于生产速度,而且国内供应也无法满足需求。因此,许多有机组织或市场参与者纷纷呼吁更多的农民转向有机生产。

本章节中所示的数据分析表明,欧洲各国之间仍然存在着很大的差异。即使欧洲中东部一些国家有机农地的占比已达到较高水平,而且消费性开支也在持续增长,但是就食品的总体开支而言,其比率还是相对较低。

另一个亟待解决的问题就是数据的可用性问题。例如,在与欧盟和外部合作伙伴进行贸易的过程中,进口和出口贸易发挥着非常重要的作用,但是几乎没有相关数据保留下来。丹麦是唯一按原产地/目的地和产品分类来提供国际贸易数据的欧洲国。进出口额是提高有机市场透明度的重要数据。目前,无法将生产数据与国际贸易数据进行比较,两个数据的对比可能为潜在的欺诈案件提供重要线索。

此外,虽然国内市场数据的可用性正逐渐提高,但是相关数据的采集方式十分广泛,而且从严格意义上来说,通过这些方式所收集的数据不具备精确的可比性。对于许多国家来说,特别是中欧和东欧,零售销售数据并没有连续收集,因此对有机产品销售的重要性知之甚少。

因此,我们建议提高数据的可用性和可获取性,协调数据,尤其是有机市场数据的分类、术语和定义,并提高数据的质量(Willer和Schaack,2014)。

7.2.8 致 谢

本章节中汇编的数据均以根据"欧盟研究、技术开发及示范活动第七框架"建立的"有机政府网"数据收集项目所收集的数据为基础,该项目已于2014年结束。根据这一项目,我们首次收集到了所有欧洲国家详细的有机市场数据,而且我们还为这些数据建立了一个单独的数据库,可供大家在线查阅。就这些信息的展示方面而言,欧洲国家的统计报告较其他国家更具综合性及全面性。在此,笔者向所有为该报告中所示数据做出贡献的人员,尤其是"有机数据网"项目的合作人员表示衷心的感谢。

参考文献

ECORYS. 2017. Modernising and Simplifying the Common Agricultural Policy: Summary of the results of the public consultation for European Commission DG AGRI, 07 July 2017, revised 06 September[EB/OL]. ec.europa.eu/agriculture/sites/agriculture/files/consultations/cap-modernising/summary-public-consul.pdf.

European Commission. 2016. New rules for electronic certification of EU organic imports. News of October 19, 2016. Website of the European Commission, Brussels [EB/OL]. https://ec.europa.eu/agriculture/newsroom/302_en.

European Commission. 2017a. The Future of Food and Farming - Communication from the Commission to the European Parliament, the Council, the European Economic and Social Committee and the Committee of the Regions - The Future of food and farming, COM (2017) 0713 final[EB/OL]. http://eur-lex.europa.eu/legal-content/EN/ALL/?uri=COM:2017:713:FIN.

European Commission. 2017b. Reflection Paper on the Future of EU Finances, COM(2017) 358. [EB/OL]. ec.europa.eu/commission/sites/beta-political/files/reflection-paper-eu-finances_en.pdf.

FiBL. 2017. European organic farming research projects. The Organic-Research website. Research Institute of Organic Agriculture FiBL, Frick. [EB/OL]. http://www.organic-research.net/transnational-projects/european-projects.html. Date given on website: January 10, 2015.

IFOAM EU. 2015. Transforming Food and Farming. An organic vision for Europe 2030. IFOAM EU Group, Brussels. [EB/OL]. www.ifoam-eu.org/sites/default/files/413-ifoam-vision-web.pdf.

IFOAM EU. 2017a. Strong Institutional commitment needed to ensure a good legislative transition. IFOAM EU Press Release. IFOAM EU, Brussels, [EB/OL]. www.ifoam-eu.org/sites/default/files/ifoameu_regulation_press_release_20171122.pdf.

IFOAM EU. 2017b. CAP Communication: EU agriculture needs clearer direction for long-term sustainability. IFOAM EU Press Release. IFOAM EU, Brussels, [EB/OL]. www.ifoam-eu.org/en/news/2017/11/29/press-release-cap-communication-eu-agriculture-needs-clearer-direction-long-term.

IFOAM EU. 2017c. A CAP for healthy farms, healthy people, healthy planet. Public money must deliver public goods. IFOAM EU, Brussels. [EB/OL]. www.ifoam-eu.org/sites/default/files/ifoameu_policy_cap_post_2020_vision_paper_201701.pdf.

IFOAM EU. 2017d. Transforming Food and Farming – Making it Happen: An Organic Roadmap to Sustainable Food and Farming Systems in Europe. IFOAM EU Group, Brussels. [EB/OL]. www.euorganic2030.bio.

Stolze. M., Sanders. J., Kasperczyk. N., Madsen. G., 2016. CAP 2014-2020: Organic farming and the prospects for stimulating public goods[R]. IFOAM EU Group, Brussels.

TIPI – Technology Platform of IFOAM - Organics International. 2017. Science Day 2017 at BIOFACH.

The website of the Research Institute of Organic Agriculture, Frick. [EB/OL]. http://www.fibl.org/en/service-en/news-archive/news/article/report-from-science-day-2017-at-biofach.html.

更多信息可参考以下网站

ec.europa.eu/agriculture/future-cap_en：European Commission on the CAP reform

ec.europa.eu/agriculture/organic/index_en：European Commission's organic farming website

ifoam-eu.org：International Federation of Organic Agriculture Movements EU- IFOAM EU

organic-market.info：Market News and updates：www.organic-market.info

tipi.ifoam.org：Technology Innovation Platform of IFOAM （TIPI）

tporganics.eu：European Technology Platform TP Organics

www.ok-net-arable.eu：*OK-Arable Net*

www.liveseed.eu：LIVESEED

8 拉丁美洲和加勒比海地区有机农业现状①

8.1 概述

根据报告数据来看，2016年拉丁美洲和加勒比海地区有机生产区域的面积为710万公顷，占该地区农地总面积的0.9%。同时，该地区有机农地的面积占全球有机农地总面积的12%，有机农地面积与2015年相比增加了近40万公顷，这是该地区有机农地面积连续6年减少之后的第一次显著增长。究其原因，主要归因于乌拉圭的草地/牧场面积增长（近35万公顷）。同时，也有许多国家有机农地的面积在2016年实现了增长：墨西哥增长了约9万公顷；多米尼加共和国增长了40万公顷。自2000年（超过320万公顷）以来，该地区有机农地的面积已经实现了超过80%的增长。其中，有机农地面积最大的国家是阿根廷，面积达300万公顷（图8-1），生产者数量最多的国家是墨西哥，数量超过21万人。另外，有机农地占比最高的是福克兰群岛/马尔维纳斯（12.2%），其次是乌拉圭（11.5%）。

---

① 本章作者为Julia Lernoud，Helga Willer，Bernhard Schlatter

8.2 土地利用

在该地区所有的有机农地中，我们已获得了其中超过80%的有机农地土地利用类型的详细信息。2016年，仅有7%的有机农田种植了季节性作物（近47.5万公顷）；同时，几乎有62%的土地为草地/牧场（440万公顷）。另外，多年生作物的种植面积几乎达到99.3万公顷（占该地区有机农地面积的14%），还有17%农地的利用类型尚不明确。就有机多年生草地/牧场而言，阿根廷（260万公顷）、乌拉圭（约170万公顷）和福克兰群岛/马尔维纳斯（近13.4万公顷）的面积是最大的。

在拉丁美洲和加勒比海地区，主要的有机季节性作物是谷物，其面积近16.4万公顷，占据该区域有机季节性作物用地面积的34%，并且占该区域谷物种植总面积的0.3%。此外，谷物种植面积最大的国家是玻利维亚（8.7万公顷，主要为藜麦和苋属植物）、墨西哥（4万公顷，主要是小麦和玉米）和阿根廷（2.6万公顷，主要是小麦）。该地区的主要有机谷物为藜麦（近8.7万公顷），占其藜麦种植总面积的53%。2016年，有机甘蔗的种植面积几乎达7万公顷，占该地区甘蔗种植总面积的0.5%。有机甘蔗的主要生产国为巴拉圭（超过4.8万公顷）和阿根廷（近1.3万公顷）。

拉丁美洲和加勒比海地区的主要有机多年生作物为咖啡（近42.4万公顷）、可可（近23万公顷）、热带/亚热带水果（近19万公顷）。其中，有机咖啡的种植面积达该地区咖啡种植总面积的8%，而且在世界有机咖啡中的占比超过了45%。有机咖啡种植面积最大的国家是墨西哥（23.1万公顷）、秘鲁（11万公顷）和洪都拉斯（2.35万公顷）。此外，拉丁美洲地区有机可可种植面积的占可可种植总面积的比例为12.5%，在世界有机可可总面积中的比例超过70%，而且拉丁美洲的一些国家还是世界上有机可可种植面积最大的国家。到目前为止，多米尼加共和国有机可可的种植面积是最大的，为15.9万公顷，其次是秘鲁（超过2.56万公顷），然后是巴拿马（1.4万公顷）。另外，该地区的主要热带水果是香蕉（超过5.1万公顷，占该地区香蕉种植总面积的2.4%），以及牛油果（超过5.1万公顷，占该地区牛油果种植总面积的14.3%）。有机香蕉种植面积最大的国家是多米尼加共和国（2.2万公顷）和厄瓜多尔（1.7万公顷），这两个国家有机香蕉的种植面积在该地区有机香蕉种植总面积中的占比将近76%。

8.3 生产者

2016年，拉丁美洲和加勒比海地区的有机生产者数量超过46万人。其中，有机生产者数量最多的国家为墨西哥（21万人）、秘鲁（近9.2万人）和巴拉圭（超过5.8万人）。由于许多国家仅提供了农场企业/公司的数量，因此我们可以推测实际生产者数量应该更多。

8.4 野生采集

在拉丁美洲和加勒比海地区，有机野生采集扮演着非常重要的角色，而且该地区野生采集区域的面积超过420万公顷。野生采集区域主要用于水果（120万公顷）、坚果（近110万公顷）、棕榈芯（近14.8万公顷）及玫瑰果采集（7.1万公顷）。此外，蜜蜂养殖区域的面积近42万公顷，几乎占该区域野生采集区域总面积的10%。在该区域中，有机野生采集区域面积最大的国家为墨西哥（近130万公顷）、巴西（120万公顷，2011年数据）、玻利维亚（90万公顷，2014年数据）和阿根廷（40万公顷）。由于未获得其他多个国家野生采集区域面积的相关信息，因此我们可以推测该区域有机野生采集区域的总面积要多于当前数据所示的面积。

8.5 统计数据

欲了解更多关于拉丁美洲和加勒比海地区的数据信息，请参阅图8-1至图8-4。

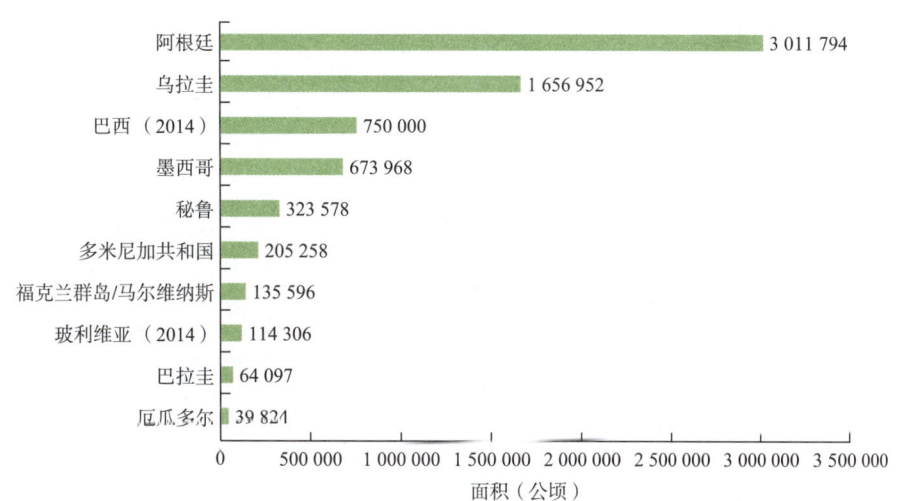

图8-1　2016年拉丁美洲和加勒比海地区有机农地面积位列前十位的国家/地区

数据来源：2018年FiBL调查

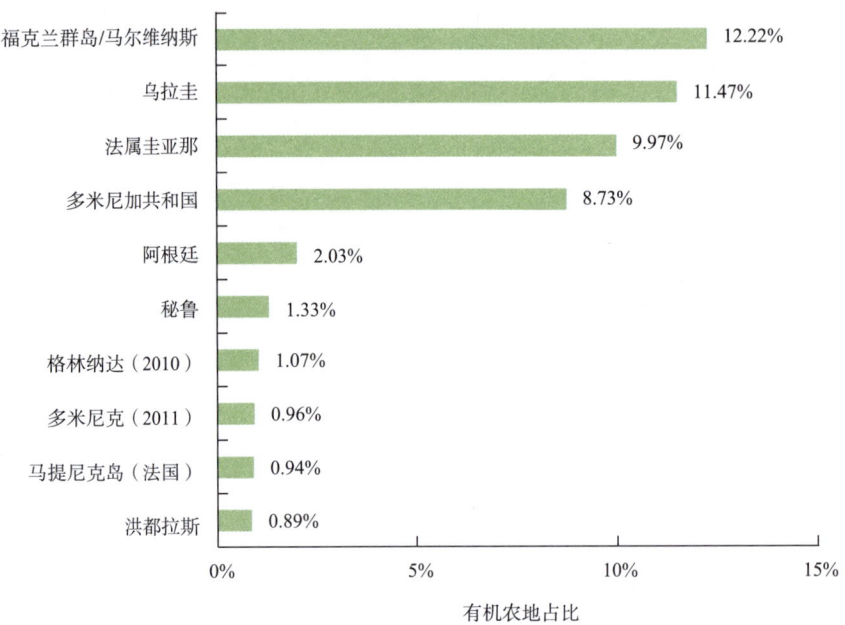

图8-2 2016年拉丁美洲和加勒比海地区有机农业占比位列前十位的国家/地区

数据来源：2018年FiBL调查

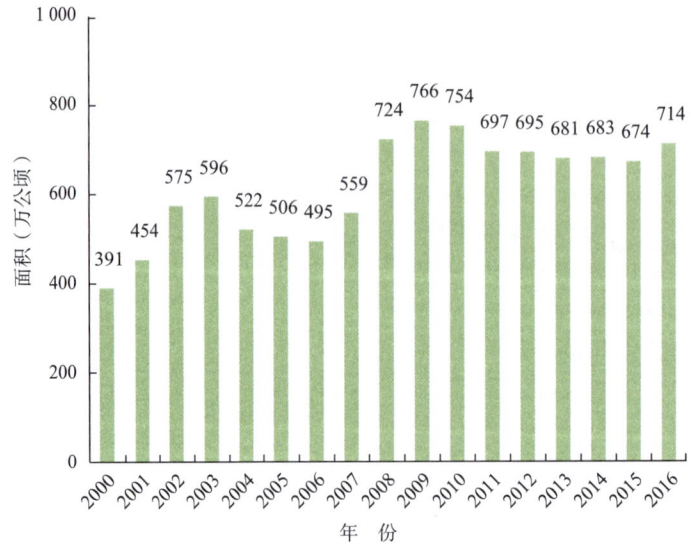

图8-3 2000—2016年拉丁美洲和加勒比海地区有机农地发展

数据来源：2002—2018年 FiBL-IFOAM-SOEL调查

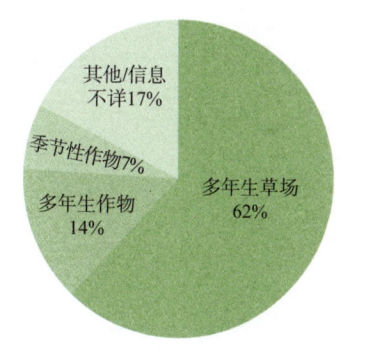
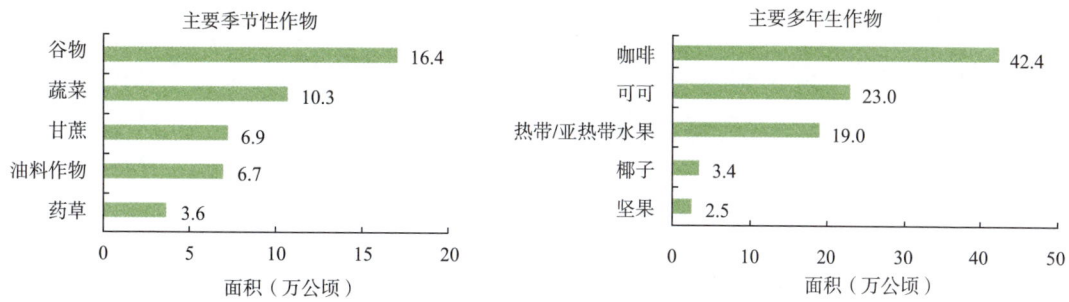

图8-4 2016年拉丁美洲和加勒比海地区有机农业用地情况

数据来源：2018年FiBL调查

9 北美洲有机农业现状[①]

9.1 概 述

2016年，北美洲有机农地的面积为310万公顷，占该区域农地总面积的0.8%。而且，该区域有机种植区域的面积较2000年的100万公顷已经实现了近两倍的增长，现在占全球有机农地总面积的6%。2015—2016年，北美洲有机农地的面积增加了超过15.6万公顷，或者说增长率达5.3%。加拿大超过1.7%的农田都是有机农田，美国有机农田的比例是0.6%。北美洲有机生产者的总数量为18 422人，并且大多数都分布于美国（近77%）。

9.2 土地利用

我们获得了北美洲几乎所有有机农地土地利用类型的相关信息。2016年，仅有3%

[①] 本章作者为Julia Lernoud, Helga Willer, Bernhard Schlatter

的有机农地种植的是多年生作物（近10.4万公顷），但是有38%的有机农田种植了季节性作物（120万公顷），而且还有46%的有机农地（超过140万公顷）为草地/牧场。其中，美国草地/牧场的面积最大，约为93.3万公顷，其次是加拿大，报告数据显示为50.6万公顷。

在该区域中，主要季节性作物为谷物，其面积近54.2万公顷，几乎占该区域季节性作物总面积的46%，占该区域谷物种植总面积的0.7%。美国有机谷物的种植面积超过28.1万公顷，加拿大的相关报告数据显示为26.1万公顷。该区域的主要有机谷物为小麦（近24.7万公顷），其种植面积几乎占据该地区小麦种植总面积的1%。2016年有机蔬菜的种植面积达到近7.8万公顷，占该区域蔬菜种植总面积的8.3%，其中最主要的产出蔬菜就是新鲜叶菜类或茎菜类（2.623万公顷），以及果菜类蔬菜（超过1.6万公顷）。

该区域的主要有机多年生作物为温带水果（近1.3万公顷）、酿酒葡萄（1.2万公顷）和浆果（近1万公顷）。有机温带水果占据该区域温带水果种植总面积的4%，其中，主要温带水果为苹果、樱桃和李子。此外，该区域主要的有机浆果为蓝莓（超过7 500公顷，占该区域蓝莓种植总面积的8.2%）和蔓越莓（近800公顷，占该区域蔓越莓总面积的3.3%）。

9.3 生产者

2016年，北美洲机有机生产者的数量为18 422人。其中，美国有机生产者的数量最多，近14 000人，随后为加拿大，其报告数据显示为超过4 200人。2004年，该地区有机生产者的数量仅为11 000人，而现在已实现了超过60%的增长。

9.4 野生采集

遗憾的是，除了野生采集的300种野生蓝莓之外，我们并没有获得美国野生采集区域方面的信息。但是我们可以推测，与当前加拿大所报告的79 855公顷野生采集区域面积相比，美国的相应数据应该更大。在加拿大，枫树的种植面积超过63 000公顷，而且枫树也是该国的一种主要商品。

9.5 市　场

2016年，北美洲的有机市场持续增长，贸易额达到419亿欧元。其中，加拿大有机市场在2016年实现了超过9%的增长，而美国有机市场则增长了8%。美国是世界上最大的单一有机市场，而北美洲则继续成为最大的有机市场区域。2016年，美国人用于购买有机产品的人均消费为121欧元，而加拿大人均消费则为83欧元。2016年，加拿大有机零售额在零售总额中所占比为2.6%，而2016年美国有机市场在零售市场中的占比为5.3%。

9.6 统计数据

欲了解更多关于北美洲的信息，请参阅图9-1至图9-4。

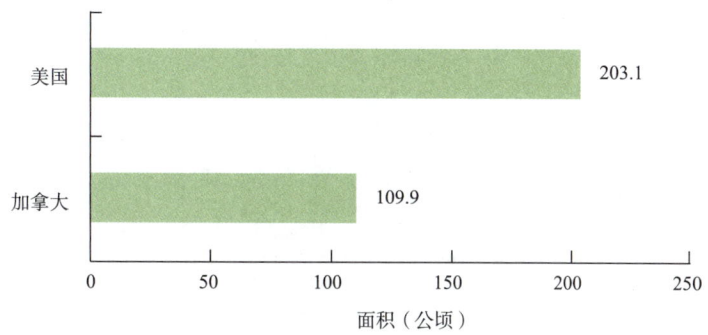

图9-1　2016年美国和加拿大有机农地面积

数据来源：加拿大有机贸易协会（COTA）和美国农业部（USDA）

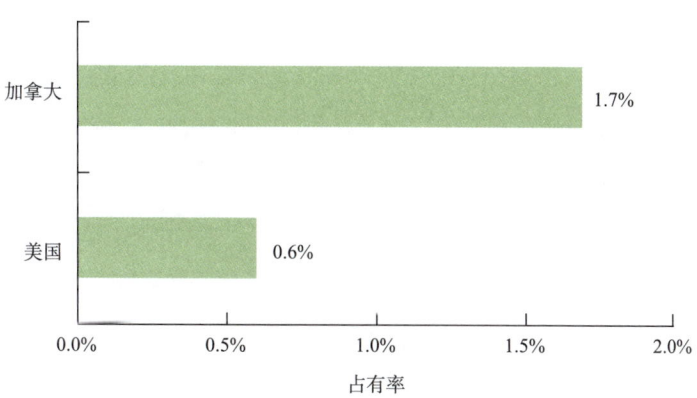

图9-2　2016年美国和加拿大有机农地占有率

数据来源：加拿大有机贸易协会（COTA）和美国农业部（USDA）

图9-3　2000—2016年北美洲有机农地发展情况

数据来源：加拿大有机贸易协会（COTA）和美国农业部（USDA）

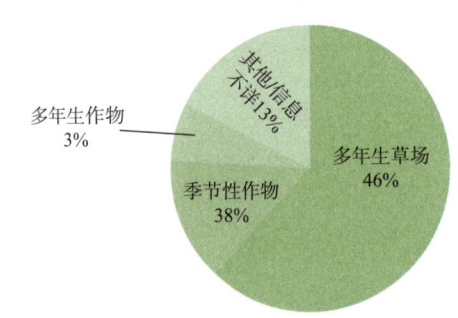

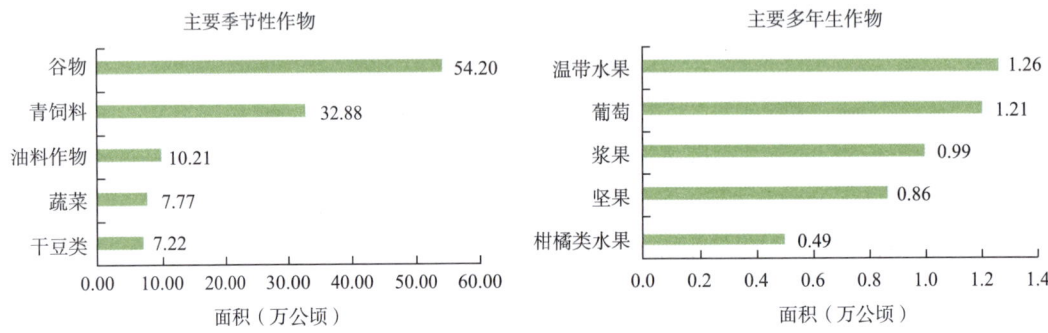

图9-4　2016年北美洲有机农地用途和作物信息

数据来源：加拿大有机贸易协会（COTA）和美国农业部（USDA）

10 大洋洲有机农业现状[1]

10.1 概 述

2016年,大洋洲有机农地的面积为2 730万公顷,占该区域农地总面积的6.5%。从世界范围来看,47%的有机农地分布在大洋洲地区。而且自2000年(530万公顷)以来,该区域的有机生产面积已经实现了超过5倍的增长。2015—2016年,大洋洲有机农地的面积增加了500万公顷,增长率超过23%,这主要归因于澳大利亚有机农地面积的大幅增长。但是在其他国家,比如萨摩亚群岛(近3.6万公顷)和法属波利尼西亚(超过1.4万公顷)也实现了重要增长。大洋洲有机农地面积最大的国家是澳大利亚,为2 710万公顷。大洋洲有机农地占比最高的国家/地区为法属波利尼西亚,其有机农地在所有农地中的占比为31.3%;其次是萨摩亚群岛,为22.4%。

---

[1] 本章作者为Julia Lernoud, Helga Willer, Bernhard Schlatter

10.2 土地利用

根据2016年的估算结果,大洋洲近96%的有机农地都是草地/牧场(2 600万公顷,主要位于澳大利亚)。虽然没有获得拥有最大面积国家澳大利亚土地利用类型的详细数据,但是我们已经得到了其他国家的相关数据。从可用数据来看,我们可以推测出多年生作物在该区域扮演着非常重要的角色。椰子是种植面积最大的产品(超过9.3万公顷,占该地区热带水果种植总面积的17.4%)。另外,太平洋岛国广泛种植有机咖啡(近1.53万公顷,占该区域咖啡种植总面积的28%),主要用于咖啡油的生产。

10.3 生产者

该区域有机生产者的数量为27 000人,其中数量最多的国家/地区为巴布亚新几内亚(超过15 000人)、澳大利亚(超过2 000人)及所罗门群岛(超过1 500人)。自2006年以来,随着大多数国家数据可获得性的提高,有机生产者的数量也实现了翻倍增长。

10.4 市　场

就2016年而言,大洋洲有机市场相关的数据没有更新。2015年,该区域的市场销售额总值达到11亿欧元。澳大利亚的有机市场销售额为9.41亿欧元,新西兰的销售额为1.24亿欧元。关于该区域的其他国家/地区,我们目前尚未获得相关数据。另外,澳大利亚(2015年)的年人均有机产品消费额为40欧元,新西兰为27欧元。

10.5 统计数据

欲了解更多信息,请参考图10-1至图10-3。

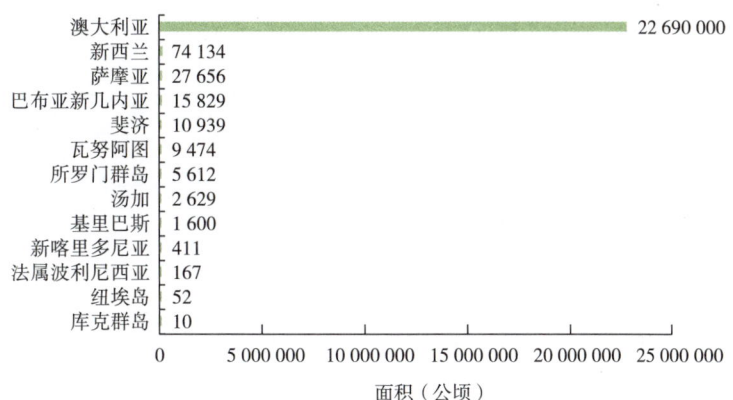

图10-1 2016年大洋洲国家或地区有机农地面积

数据来源：2018年FiBL调查

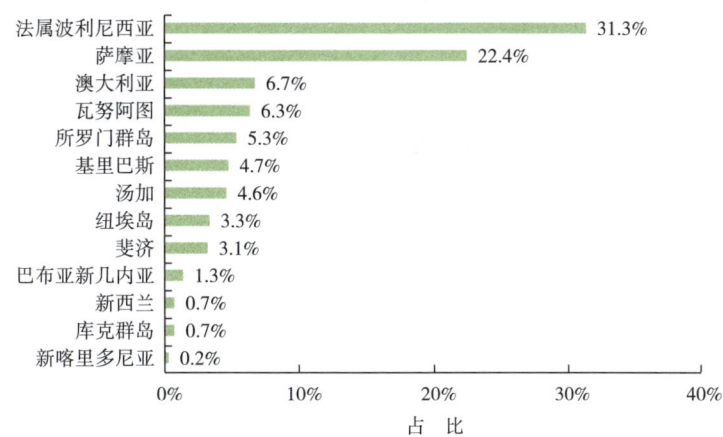

图10-2 2016年大洋洲国家或地区有机农地占比

数据来源：2018年FiBL调查

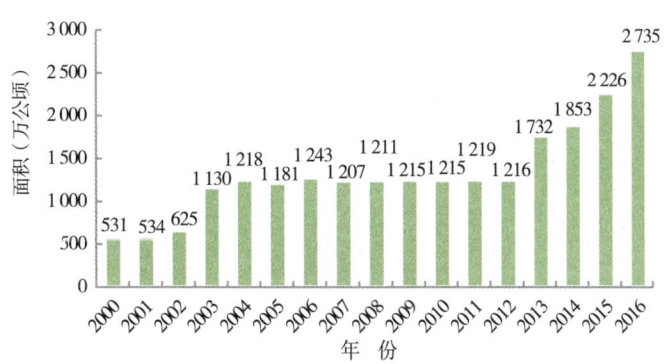

图10-3 2000—2016年大洋洲有机农地发展情况

数据来源：2000—2018年FiBL-IFOAM-SOEL调查

11 有机运动和 IFOAM 国际有机联盟的新阐述[①]

IFOAM国际有机联盟2017年全球会员大会一致决定将"有机3.0时代"纳入所有IFOAM成员的发展战略,并由其指引有机运动的变革。IFOAM国际有机联盟正在率先制订新的战略计划,并由此有了一个新身份——"变革的推动者"。

11.1 IFOAM国际有机联盟——有机运动的伞式组织

> IFOAM国际有机联盟的成就与宗旨:
> IFOAM国际有机联盟是农业、价值链和消费方面真正可持续发展变革的有机推动者。它在全球120多个国家都有会员,并引领全球有机运动。
> IFOAM国际有机联盟的宗旨是:以有机的方式引领变革!

[①] 本章作者为Markus Arbenz

IFOAM国际有机联盟成立于1972年,是一家全球性的有机伞式组织:从先驱者开创初期(即"有机1.0"时代)到有机运动的形成、标准的制定及法规的实施,形成了如今每年近900亿美元市场的有机产业(即"有机2.0"时代)。

IFOAM国际有机联盟成立45年来,通过活跃的研究所和全球有机价值链,设法促进建立一个充满活力的全球有机运动和产业。幸运的是,该项工作取得了一定的成就,并且由于外部环境的变化(例如,信息技术的发展、许多国家引入有机法规,以及公平贸易等类似组织的涌现),IFOAM国际有机联盟已经在逐步发展了。长期以来,IFOAM一直以利益相关者为导向,并致力于联合和协助其会员机构协同发展。通过生产者和认证机构标准的发展,通过倡导并通过有机产业发展项目,IFOAM已经展示了其相关性。

现在,有机运动正在进入一个我们称为"有机3.0"时代的新阶段。有机3.0时代将有机定位为一个现代的、创新的系统,并且此系统会对全球环境和社会挑战产生积极的影响。这是进一步增长和可持续发展的全球有机运动的总体战略计划,以增加对地球和人民的积极影响。与此同时,我们看到人们不断深化对需要建立更加可持续农业的认识。我们正在率先推动公民、消费者、企业、政府和联合国开始行动,并呼吁改变农业政策。

到目前为止,我们的有机解决方案只是在一小部分农田上应用,有机市场份额仍然很低。然而,我们正在迅速成长,并有责任支持、推动和倡导变革。

11.2 新阐述

当今世界面临着很多挑战:贫困、饥饿和营养不良现象普遍存在,社会财富和权力分配不公,生物多样性正在减少,水土等自然资源恶化,全球气候变化,等等。目前的常规农业生产方式和相关价值链是造成上述挑战的主要原因之一。人们普遍认为,我们需要更加可持续发展的农业和食物系统,因此我们需要除常规农业之外更好的解决方式。农业,做法不同,也可以成为解决方案的一部分。如果我们在农业和食物系统方面措施得当,那么我们也会保护到人类自己和地球!

有机农业是一个以农业生态学为基础、动态的和不断发展的农业系统,是一种真正可持续农业形式,为应对全球重大挑战提供了切实可行的解决方案。有机农业和其他同样可持续的农业系统为不断增长的人口提供健康、有营养的食物和其他天然产品。它们使农民能够获得公平的生活、恢复和提高土壤肥力和生物多样性、保护和补充稀缺的水资源、缓解气候变化,并帮助受到气候变化负面影响的人们适应气候变化并提高适应能力。

作为变革的推动者,IFOAM国际有机联盟(其全体会员合法并形成合作网络)辅助并积极促进农业、价值链和消费方面的真正可持续发展。它追求达成战略计划的三个目标,助力全球有机产业增长,使其更具可持续性并向主流农业迈进。

为了充分发挥有机农业的潜能,IFOAM国际有机联盟将3个关键因素或杠杆(图11-1和表11-1的战略计划)视为工作重心:①通过运营商和其他价值链参与者的能力发展加强供应;②通过沟通支持和宣传活动刺激需求;③倡导有利于真正可持续生产和消费的政策和保障环境。

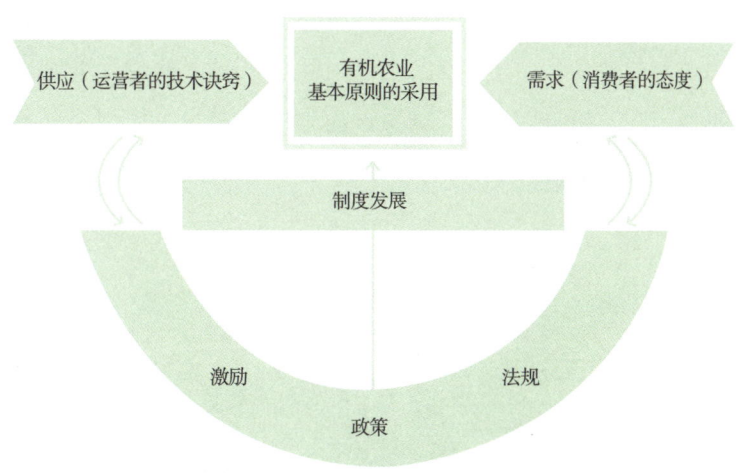

图11-1 IFOAM国际有机联盟的变革理论

表11-1 IFOAM国际有机联盟的战略计划

愿 景	根据有机农业的原则广泛应用真正可持续的农业、价值链和消费方式
任 务	以有机的方式引领变革
目 标	①增加有第三方认证或无认证有机农业和采用类似生产方式的农业活动 ②增加从良好实践转向最佳实践的有机运营组织的数量 ③增加更加可持续的并且整合有机原则和方法的农业实践组织的数量
行动的3个支柱	①供应:我们助力真正可持续生产的能力发展 ②需求:我们开展有机运动并允当有机沟通的资源中心 ③政策和保证:我们倡导和提供创造良好政策环境的能力
管 理	作为一个民主的、国际的有机及具相似理念机构的组织,IFOAM国际有机联盟对其全球的会员负责。我们还推动建立以IFOAM命名的自组织机构的全球行动网络,同时,我们还会与赞同我们观点的演员合作

11.3 制度背景

这种战略发展对IFOAM国际有机联盟的会员制度的影响仍在讨论中。2017年11月，IFOAM会员大会授权IFOAM世界理事会介绍讨论过程，并在2018年下半年向虚拟会员大会提交改革制度。

作为战略计划的结果，IFOAM国际有机联盟寻求更为深入的合作和伙伴关系，包括与倡导生态农业、食物主权和公平贸易的组织进行沟通讨论，在这些组织中，民生和营养发展或环境保护被纳入了其发展目标。

IFOAM国际有机联盟正在"IFOAM行动小组"中发挥作用，该小组包括所有10个自组织区域机构和7个部门平台（图11-2）。所有这些结构都以"IFOAM"为名，它们都致力于所谓的"有机地标"，这是IFOAM国际有机联盟的最高准则（如同有机农业原则或最佳实践指南）。2018年，IFOAM行动小组正在为工作网络制订战略计划，以支持上述所有趋势发展，并将有机3.0纳入有机运动的所有机构。

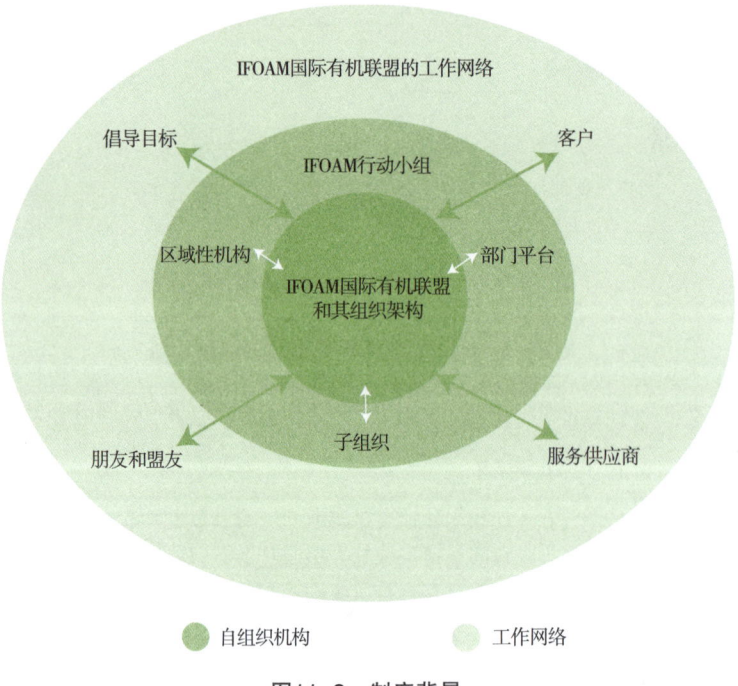

图11-2　制度背景